Gérard Scheiwen / Luc Nickels

# Apprendre à ENTREPRENDRE

LE MANUEL
DE L'ENTREPRISE
AU GRAND-DUCHÉ
DE LUXEMBOURG

EDITIONS
Guy Binsfeld

**Apprendre à Entreprendre**


14, Place du Parc
L-2313 Luxembourg
Tél.: (+352) 49 68 68 1
Fax: (+352) 40 76 09
editions@binsfeld.lu
www.editionsguybinsfeld.lu

Texte: Gérard Scheiwen et Luc Nickels
Coordination: Susanne Jaspers
Rédaction: Jessy Heitz, Mirjam Oesch
Mise en page: Sandrine Feyereisen
Impression: Victor Buck
Distribution pour le Luxembourg:
Messageries du Livre
5, rue Raiffeisen
L-1020 Luxembourg
Tél.: (+352) 40 10 25 55
www.mdl.lu

Toutes critiques, suggestions ou propositions
peuvent être adressées par écrit à:

Fiduciaire
Scheiwen • Nickels
& Associés S.à r.l.

Fiduciaire Scheiwen • Nickels & Associés S.à r.l.
126, rue Cents
L-1319 Luxembourg
www.fidsna.lu



ISBN: 978-2-87954-161-7
Première édition 2007

# TABLE DES MATIERES


Introduction 10

01 Démarches préparatoires relatives à la création d'une société 13

1. **Identifier et définir l'objet de l'entreprise** 13
2. **Analyse du marché** 14
3. **Le plan d'affaires et le plan de financement** 15
4. **Le choix de la forme juridique** 17
5. **La qualification professionnelle** 17
6. **L'endroit d'implementation** 18

02 Choix adéquat de la forme juridique de la société 21

1. **Introduction** 21
2. **Les différentes formes de sociétés en détail** 22
   a) Entreprise individuelle 22
   b) Société en nom collectif (SENC) 23
   c) Société en commandite simple (SECS) 24
   d) Société anonyme (SA) 25
   e) Société anonyme unipersonnelle 27
   f) Société à responsabilité limitée (SARL) 29
   g) Société à responsabilité limitée unipersonnelle 31
3. **La Société Anonyme Européenne** 33

03 Le Registre de Commerce et des Sociétés 35

1. **Informations générales** 35
2. **Etendue** 37
   a) Les commerçants personnes physiques 37
   b) Les succursales des commerçants personnes physiques 38
   c) Les sociétés commerciales 39
   d) Les groupements d'intérêt économique (nationaux et européens) 40
   e) Les succursales d'un groupement d'intérêt économique (nationales et européennes) 41
   f) Les succursales créées par des sociétés relevant du droit d'un autre Etat membre 42
   g) Les sociétés civiles 43
   h) Les associations sans but lucratif, les fondations, les associations agricoles, les associations d'épargne-pension et les établissements publics 44
3. **La comptabilité et les comptes annuels des entreprises** 44
   a) Définition 44
   b) En pratique 45

04 Le droit d'établissement 47

1. **Informations générales** 47
2. **Conditions d'octroi** 48
   a) L'honorabilité 48
   b) L'établissement fixe 49
   c) La direction effective et permanente 50
   d) La qualification professionnelle 50
3. **Procédure administrative** 52
   a) Demande d'autorisation gouvernementale 52
   b) Déclaration sur l'honneur 52
   c) Qualifications professionnelles 53
   d) Demande faite au nom d'une société 53
   e) Réception de l'autorisation d'établissement 54

05 Régime d'aides en faveur du secteur des classes moyennes 57

1. **Informations générales** 57
2. **Les différents régimes d'aides de l'Etat en détail** 58
   a) Aides à l'investissement dans des immobilisations corporelles et incorporelles 58
   b) Aides pour les services fournis par des conseillers extérieurs 59
   c) Aides pour la participation à une foire ou exposition 59
   d) Aides pour encourager et soutenir les entreprises en matière de protection de l'environnement et d'utilisation rationnelle des ressources naturelles 60
   e) Aides pour la réhabilitation de sites pollués 61
   f) Aides à l'innovation, à la recherche et au développement 61
   g) Aides en matière de sécurité alimentaire 64
3. **Procédure administrative** 64

06 Affiliation auprès du Centre Commun de la Sécurité Sociale 67

1. **Informations générales** 67
   a) Le travailleur salarié 67
   b) Le travailleur non-salarié 67
2. **Les obligations en matière d'affiliation** 68
   a) Déclaration initiale 68
   b) Déclaration d'entrée 68
   c) Déclaration de sortie 69
   d) Changement au cours de l'occupation 69
3. **Les charges sociales** 69
   a) Généralités 69
   b) Cotisations sociales à charge du salarié et de l'employeur 70
   c) Cotisations sociales à charge du salarié 70
   d) Cotisations sociales à charge de l'employeur 70
   e) Calcul des cotisations à charge du salarié 71

f) Calcul des cotisations à charge du patron 71
g) L'extrait de compte 71
**4. L'indemnité pécuniaire de maladie 72**
a) Généralités 72
b) Le régime employé 72
c) Le régime ouvrier 73
**5. Le statut du travailleur non-salarié (l'indépendant) 73**
**6. Aides en cas d'embauche de chômeurs 74**
**7. Paramètres sociaux 75**
a) Le salaire social minimum 75
b) Les taux des cotisations 76
c) Minima et maxima cotisables 77

07 Le droit du travail 79

**1. Informations générales 79**
**2. Le contrat de travail 80**
a) Généralités 80
b) Le contenu du contrat de travail 80
**3. Le contrat de travail à durée indéterminée 81**
**4. Le contrat de travail à durée déterminée 82**
**5. La résiliation du contrat de travail 83**
a) La résiliation par l'employeur 83
b) La résiliation par le travailleur 84
c) La résiliation pour motif grave 85
d) Autres formes de fin de contrat 85
**6. Les congés 86**
a) Le congé de récréation 86
b) Le congé exceptionnel 86
c) Les jours fériés légaux 87
d) Le congé pour convenance personnelle 87

08 Règles à respecter en matière de gestion comptable, fiscale et administrative 89

**1. La tenue de comptabilité 89**
a) Considérations générales 89
b) Distinction entre comptabilité générale et comptabilité analytique 90
c) Les sources légales relatives à la tenue d'une comptabilité 91
**2. Les dispositions générales de la législation sur les comptes annuels 92**
a) La structure du bilan et du compte de profits et pertes 93
b) Les principes fondamentaux à la base des règles d'évaluation 98
c) Le contenu de l'annexe 99
d) Le contenu du rapport de gestion 101
e) Le dépôt et la publicité des comptes annuels 101
f) Le contrôle des comptes annuels 101

**3. La fiscalité directe** 103
a) L'impôt sur le revenu des collectivités (IRC) 103
b) L'impôt commercial communal (ICC) 104
c) L'impôt sur la fortune (IF) 105
d) Les bonifications d'impôts 106
**4. La fiscalité indirecte** 109
a) Généralités 109
b) Les opérations visées par la loi TVA 109
c) Définition de l'assujetti 110
d) Les taux applicables 110
e) Les exemptions de TVA liées à certaines personnes et certaines opérations 110
f) La déclaration et le paiement de la TVA 111
g) Le report ou le remboursement de la taxe 111
**5. Les critères à respecter en matière de facturation** 112
a) Les mentions obligatoires 112
b) Autres considérations pratiques 113
**6. Les délais de paiement et les intérêts de retard** 114
a) Les intérêts de retard en faveur des créances résultant des transactions commerciales 115
b) Les intérêts de retard en faveur des créances résultant de contrats conclus entre un professionnel et un consommateur 117
c) Conseils pratiques pour maintenir un degré de liquidité suffisant 117
**7. Le système Intrastat** 118
a) Les modalités relatives à la collecte des données statistiques 118
b) La simplification administrative en matière d'Intrastat 119

09 Les règles relatives aux mécanismes de la «Concurrence» 123

**1. Champ d'application** 123
**2. Le principe de la libre fixation des prix** 123
**3. Interdiction de certaines pratiques anticoncurrentielles** 124
a) Interdiction des ententes 124
b) Interdiction des abus de position dominante 124
**4. Mise en place des autorités de contrôle** 125
a) Le Conseil de la concurrence 125
b) L'Inspection de la concurrence 125

10 L'impact des critères de l'accord de Bâle II sur le financement des entreprises auprès des banques 127

**1. Considérations générales** 127
**2. Avant Bâle II existait Bâle I** 128
a) Les faiblesses de Bâle I 128
b) Les objectifs de l'accord de Bâle II 129
c) Les fondements de l'accord de Bâle II 129
**3. Les paramètres de calcul du risque de crédit** 130
**4. Choix d'une approche pour traiter le risque de crédit** 130

5. **Pourquoi faut-il établir un rating?** 131
6. **L'accès au financement dans le cadre de l'accord de Bâle II** 132
7. **Effectuer une autoévaluation de son entreprise** 133
   a) Les facteurs quantitatifs de l'analyse 133
   b) Les facteurs qualitatifs de l'analyse 134
8. **Le rating est un défi** 140
9. **Le rating est une opportunité pour tous les acteurs** 141
10. **Conseils pratiques pour améliorer le rating** 141
11. **Conseils pratiques dans le cadre d'un entretien avec les banques** 142

## 11 La protection des personnes à l'égard du traitement des données à caractère personnel 145

1. **Considérations générales et champ d'application** 145
2. **Exemples de communication de données personnelles** 146
3. **Les notions essentielles de la loi** 147
4. **Les différents types de notification** 148
5. **Les droits des personnes concernées par le traitement de leurs données** 149
6. **Les obligations du responsable du traitement** 149
7. **Sanctions pénales et administratives** 150
8. **Le registre public des traitements** 151

## 12 La responsabilité du dirigeant de société 153

1. **Considérations générales et sources de droit** 153
2. **Définitions de la responsabilité** 154
3. **Pour quelles fautes commises pendant la vie sociale, le dirigeant de société engage-t-il sa responsabilité?** 154
   a) La violation des statuts ou des lois sur les sociétés commerciales 154
   b) La faute de gestion 155
   c) La responsabilité suivant les articles 1382, 1383 et 1384 du Code Civil 156
4. **La responsabilité pénale** 156
5. **La responsabilité à l'égard des administrations fiscales** 157
6. **La responsabilité à l'égard du Centre Commun de la Sécurité Sociale** 158
7. **La responsabilité en cas de faillite** 159
8. **Conseils pratiques pour se protéger en matière de responsabilité** 160

## 13 Le phénomène des faillites au Luxembourg 163

1. **Evolution du nombre des faillites et les secteurs concernés** 163
2. **Les sources de la faillite** 165
3. **Contre-mesures** 165
4. **Quelques idées à creuser** 167

14 Conclusion 171

15 Liste des adresses utiles 173

16 Liste des abréviations 179

17 Bibliographie 183

1. **Publications** 183
2. **Conférences** 183
3. **Législation nationale** 184
4. **Références communautaires** 186
5. **Articles** 187

# Intro

# Introduction

Depuis l'existence de l'esprit d'entreprendre, l'entrepreneur se pose la question de savoir quels moyens il doit mettre en œuvre pour mener à bien son projet. Il existe certainement un nombre indéfini de méthodes pour diriger un même projet d'entreprise avec succès. Cependant, aucune de ces méthodes ne peut prétendre constituer une clé qui garantit le succès.

En effet, nombreux sont les exemples où des modèles d'entrepreneuriat ont été copiés parce qu'il semblait que ces modèles aient déjà réussi. Or, une fois copiés, ces modèles ont échoué parce qu'ils n'ont tenu compte ni des spécificités de chaque secteur économique, ni des développements récents et propres à chaque secteur.

La majorité des sujets traités dans cet ouvrage a connu des développements importants au cours des dernières années et qui ne sont pas restés sans impact sur la vie des sociétés au Luxembourg. Hélas, beaucoup de jeunes entrepreneurs, mais également les entrepreneurs déjà établis, motivés dans leurs démarches commerciales, sont démotivés dans leurs démarches administratives face à un environnement de plus en plus réglementé et une complexité croissante des relations avec tous les acteurs économiques.

Cet ouvrage a pour vocation de servir de fil conducteur aux dirigeants de micro, petites et moyennes entreprises au Luxembourg telles que définies par le règlement grand-ducal du 16 mars 2005.

En conséquence, nous sommes d'avis que cet ouvrage ne constitue pas une réinvention de la roue en matière de constitution et de gestion d'entreprise. De même, cet ouvrage ne prétend pas fournir une méthode concluante qui garantirait un succès à tout projet d'entreprise.

Plus particulièrement, il s'agit d'un outil de référence et de travail qui permettra au dirigeant d'entreprise de pouvoir répondre de manière indépendante à des questions de principe qu'il rencontre régulièrement, soit au moment de la constitution d'une société, soit au cours de la gestion de son entreprise.

Il s'agit également d'outils que nous utilisons nous-mêmes dans notre profession depuis des années et pour lesquels nous savons qu'ils fonctionnent s'ils sont utilisés avec un esprit critique et de manière adaptée à chaque environnement économique dans lequel l'entrepreneur pratique sa profession.

Au cours de la rédaction de cet ouvrage, nous étions amenés à faire des choix sur les sujets traités. Il est évident que chaque sujet peut faire l'objet d'un ouvrage à part. A chaque fois, nous avons pris soin de faire référence:

1. soit aux dispositions légales et réglementaires concernées, dont le détail relatif à la publication au Mémorial est renseigné dans la bibliographie,

2. soit aux autorités compétentes dans la matière, dont le détail des coordonnées est renseigné dans l'annexe sous la «Liste des adresses utiles».

Nous vous souhaitons une bonne lecture et plein de succès dans la réalisation de vos projets d'entrepreneur.

# 01

# Démarches préparatoires relatives à la création d'une société

Nombreuses sont certainement les personnes qui ont déjà pensé à se mettre à leur propre compte afin de pouvoir travailler de manière indépendante.

Même si la perspective de s'établir à son propre compte est prometteuse, il n'est cependant pas suffisant d'être persuadé d'avoir «la bonne idée». Au départ, il y a le risque que cette idée soit vue de manière trop subjective et trop optimiste.

Ainsi, une personne qui veut s'établir à son propre compte doit commencer par formuler son projet de manière structurée et détaillée. Elle doit analyser ce projet de manière objective et le questionner en permanence.

Lors du processus de création d'une entreprise, le futur entrepreneur ou le créateur d'entreprise (CE) doit procéder à un certain nombre de démarches préalables qui sont nécessaires pour garantir le succès de son projet:

1. Identifier et définir son objet d'entreprise,
2. Analyser le marché sur d'éventuelles sociétés similaires déjà existantes et s'interroger sur la faisabilité et la viabilité de son projet,
3. Elaborer un plan d'affaires et un plan de financement,
4. Choisir la forme juridique la mieux appropriée à son projet,
5. Analyser la nécessité d'obtention des autorisations nécessaires à l'explication de son entreprise et s'assurer qu'il dispose des qualifications suffisantes à l'obtention de celles-ci,
6. Trouver l'endroit d'implémentation adéquat.

## 1 Identifier et définir l'objet de l'entreprise

Le CE doit formuler de manière exhaustive et détaillée l'objet de son entreprise.

Il y a de nettes différences entre la création d'une entreprise commerciale et celle d'une entreprise de participations financières par exemple.

Le choix de l'objet de l'entreprise aura un impact direct sur les autorisations préalables ou subséquentes à obtenir.

Ainsi l'objet de certaines entreprises peut donner lieu à l'obtention d'une autorisation d'établissement, d'une autorisation de commerce ou d'une autorisation d'exploitation «commodo-incommodo».

Les autorisations reprises les plus courantes sont celles:

- d'artisan,
- de commerçant,
- d'industriel,
- de profession libérale.

*(Voir chapitre* 04*)*

Le créateur d'entreprise devra analyser les points suivants:

- Quel est mon public visé?
- Quelles sont les entreprises concurrentes existantes sur le marché?
- Comment a évolué le marché dans le passé et comment est-il censé évoluer dans le futur?
- Comment vais-je vendre mes produits/services (marketing direct, local de commerce, Internet, B to C ou B to B ...)?
- Est-ce que mon entreprise a un caractère innovateur?

## 2 Analyse du marché

Après avoir retenu son objet d'entreprise, le CE devra s'interroger sur la faisabilité et la viabilité de son entreprise.

Le CE doit se faire une image de la situation du marché qu'il cible. Pour cela, il peut se faire aider par des consultants externes, avoir recours à des études statistiques etc.

Le CE doit également se faire une image quant à l'étendue de ses opérations futures (Luxembourg, Grande Région, Saar-Lor-Lux, marché communautaire).

A côté du volet commercial, le CE doit aussi faire des réflexions au niveau financier.

Dispose-t-il des fonds nécessaires à la création de son entreprise? Va-t-il agir seul ou en association avec d'autres personnes physique ou morales?

La synthèse de toutes ces analyses va être retenue dans un document spécifique, appelé «plan d'affaires» qui a aussi bien l'objectif de démontrer que la société à créer connaîtra une évolution positive au niveau commercial et financier.

## 3 Le plan d'affaires et le plan de financement

Ayant défini son objet social et ayant procédé à une analyse de marché dans le cadre de son objet social, le CE devra élaborer un plan d'affaires (business plan) ainsi qu'un plan de financement.

Le plan d'affaires est un élément indispensable pour les raisons suivantes:

- l'évaluation de la faisabilité du projet,
- la démonstration de la rentabilité du projet face à des investisseurs potentiels.

Le plan d'affaires reflétera la phase de démarrage de l'entreprise, donnera une évaluation de l'analyse des coûts et charges estimés ainsi qu'un pronostic sur la croissance et l'atteinte du point de rentabilité (break-even point).

De plus, le plan d'affaires permettra au CE d'avoir un suivi sur l'évolution de son projet et devra être adapté tout le long de la vie de l'entreprise. Ainsi, on distinguera entre le plan d'affaires lors de la création et le suivi budgétaire après la phase de démarrage.

Le plan d'affaires initial aura une certaine structure homogène, permettant:

- d'identifier le CE et/ou ses associés,
- d'identifier l'objet de l'entreprise ainsi que la promotion de celui-ci,
- d'identifier les particularités de l'entreprise à créer et l'avantage concurrentiel sur le marché,
- d'identifier les ressources humaines, immobilières et financières nécessaires pour la mise en œuvre du projet,
- de définir l'ampleur des frais de démarrage estimés,
- de définir la rentabilité financière du projet,
- de définir à travers quelle forme juridique le projet sera mis en œuvre,
- de définir les différentes étapes de planification de la réalisation du projet.

Le plan d'affaires devra pouvoir refléter la situation de la phase de démarrage, décrire l'avancement prévu ainsi que la réalisation et la mise en œuvre des différentes étapes prévues.

Le plan d'affaires est aussi un document indispensable lors de toute négociation avec des investisseurs potentiels, des partenaires potentiels ou avec des organismes publics pouvant également soutenir la création d'entreprise.

A côté du plan d'affaires, le CE devra également élaborer un plan de financement.

A l'inverse du plan d'affaires, qui reprend une description exhaustive de l'idée de départ en passant par les différentes phases de réalisation jusqu'à la création de l'entreprise, le plan de financement préconise essentiellement l'analyse financière du projet retenu par le CE.

Le plan de financement a les objectifs principaux suivants:

- définir les coûts directs liés à la création de l'entreprise,
- donner une estimation des besoins en financements à court terme, à moyen terme et à long terme,
- définir le moment à partir duquel la nouvelle société créée sera apte à générer des bénéfices,
- Evaluer si les bénéfices estimés suffiront pour couvrir les moyens financiers engagés,
- Apprécier la rentabilité à moyen et à long terme.

Un plan de financement est généralement repris pour tout appel à des capitaux étrangers:

- associés supplémentaires,
- banques,
- sociétés d'Investissement,
- organismes étatiques.

Le plan de financement aidera aussi le CE à estimer les moyens financiers auxquels il devra avoir recours avant et pendant le processus de création.

Ainsi, le CE devra budgétiser d'office les frais suivants:

- frais préliminaires liés à l'analyse de son projet avant la constitution même,
- frais notariaux et d'enregistrement,
- frais de conseillers externes (fiduciaire, analystes, agence immobilière ...),

- frais bancaires liés à la constitution, à l'obtention et à la conservation de capitaux étrangers,
- frais de premier établissement (installations immobilières nécessaires en fonction de l'objet de la société),
- frais en relation avec les besoins en fonds de roulement (BFR) nécessaire au préfinancement des fournisseurs, salariés, loyers avant la génération des premières recettes.

Le plan de financement aidera également le CE à estimer s'il y a lieu d'avoir recours à des capitaux étrangers.

## 4 Le choix de la forme juridique

Lorsque le CE a démontré la faisabilité de son projet à travers le plan d'affaires et s'il s'est assuré de disposer des conditions requises pour l'obtention d'une autorisation d'établissement, il doit analyser quelle forme juridique est la mieux appropriée pour l'exercice de ses activités.

Dans le choix de la forme juridique de son entreprise, le CE est généralement influencé par les capitaux dont il dispose personnellement ou qu'il peut recueillir, par la facilité de la gestion journalière souhaitée, par le degré d'anonymat qu'il veut conserver, par le risque qu'il est prêt à assumer ainsi que par le choix qu'il fait de monter son entreprise seul ou ensemble avec d'autres associés *(Voir chapitre 02)*.

## 5 La qualification professionnelle

Après avoir procédé à l'analyse de fond de son projet à travers le plan d'affaires, le CE doit s'assurer de remplir également les conditions de forme pour la réalisation de son projet.

A côté du plan d'affaires, destiné à renseigner le CE sur la réussite de son projet au niveau financier, le CE doit analyser s'il dispose des qualifications professionnelles légalement requises pour exercer son activité.

Car, avant l'exercice de toute activité, le CE doit demander au ministère des Classes moyennes une autorisation d'établissement correspondant à l'activité qu'il vise à exercer *(Voir chapitre 04)*.

L'autorisation d'établissement n'est délivrée que si le CE peut faire valoir des formations adéquates ou une expérience professionnelle antérieure.

Ainsi, la possibilité de pouvoir obtenir l'autorisation d'établissement pour exercer son activité est un élément de réussite au moins aussi important que d'avoir l'assurance de la réussite financière. Même le plan d'affaires le plus prometteur ne pourra être réalisé à défaut de l'autorisation d'établissement adéquate.

De plus, lorsque le CE veut faire valoir son droit à des aides étatiques, sa demande sera soumise à la condition de disposer d'une autorisation d'établissement.

## 6 L'endroit d'implementation

L'endroit d'implémentation adéquat représente un facteur stratégique pour chaque entreprise.

Le choix de l'endroit est directement influencé par l'objet de la société:

- société productrice ou commerciale:
  nécessité de locaux pour les machines de production, d'un endroit de stockage, d'un espace de vente, d'un parking client etc.,
- société prestataire de services:
  nécessité de surfaces bureautiques majoritairement,
- société de financement:
  surface bureautique ou possibilité de domiciliation.

D'autres facteurs qui peuvent influencer le choix de la localisation:

- un contact direct avec la clientèle,
- des infrastructures techniques spécifiques,
- les prévisions en matière d'agrandissements.

Dans tous les cas, le choix de l'endroit et la taille des locaux doivent être proportionnels à la taille de l'entreprise.

Le CE doit être vigilant pour ne pas surestimer ni sous-estimer les besoins réels de son entreprise.

Une surestimation engendrera des coûts directs inutiles et pourra mettre en péril la viabilité de la société.

Une sous-estimation pourra freiner à moyen et à long terme le développement de la société et avoir également des conséquences négatives sur l'avenir de la société.

Dans le cadre du choix de l'endroit d'implémentation de la société, le CE devra analyser les possibilités d'aides étatiques pour une implémentation dans des régions classées comme «économiquement défavorisées» *(Voir chapitre 05)*.

# 02

# Choix adéquat de la forme juridique de la société

## 1 Introduction

Les sociétés commerciales sont régies par la loi du 10 août 1915 ainsi que par la loi du 25 août 2006.

Le choix de la forme juridique adéquate est une décision non négligeable pour le CE en fonction de l'anonymat qu'il désire garder, de ses ressources financières, des risques qu'il est prêt à assumer ainsi que du nombre potentiel d'associés supplémentaires.

Le choix de la forme juridique peut être influencé par divers facteurs:

- l'objet de la société,
- le nombre de personnes voulant s'associer,
- la disponibilité de fonds propres,
- le degré de transparence souhaité (anonymat),
- la limitation des risques financiers.

Le choix de la forme juridique de la société a un impact direct sur:

- la gestion journalière,
- le contrôle (surveillance),
- la fiscalité,
- la responsabilité des associés,
- l'établissement et la publication des actes,
- la responsabilité des fondateurs,
- le statut des gérants ou des administrateurs.

On distingue principalement entre les sociétés de capitaux, les sociétés de personnes ou encore les sociétés individuelles.

02

Les principales formes de sociétés sont les suivantes:

Sociétés de personnes:

- Entreprise individuelle,
- Société en nom collectif (SENC),
- Société en commandite simple (SECS).

Sociétés de capitaux:

- Société anonyme (SA),
- Société anonyme unipersonnelle,
- Société à responsabilité limitée (SARL),
- Société à responsabilité limitée unipersonnelle.

Les sociétés Holding ou Soparfi ne constituent pas de formes juridiques à part, mais présentent certaines spécificités au niveau fiscal et légal.

## 2 Les différentes formes de sociétés en détail

### 2.a) Entreprise individuelle

| | |
|---|---|
| Nombre d'associés: | L'entrepreneur seul (artisan ou commerçant). |
| Capital: | Pas de capital obligatoire. L'entrepreneur décide de sa mise. |
| Responsabilité financière: | L'entrepreneur est responsable indéfiniment, sur ses biens personnels, des dettes de l'entreprise. |
| Informations comptables et financières: | Les comptes annuels ne font l'objet d'aucune publicité vis-à-vis des tiers. |
| Fiscalité: | Impôt foncier.<br>Impôt commercial.<br>Impôt sur la fortune.<br>Impôt sur le revenu des personnes physiques. |
| Responsabilité des fondateurs: | Pas de responsabilité particulière pour l'entrepreneur-fondateur. |

## 2.b) Société en nom collectif (SENC)

| | |
|---|---|
| Acte de constitution: | Acte sous seing privé ou acte notarié, publiable par extraits au Mémorial. |
| Nombre d'associés: | Au minimum 2. La loi ne prévoit pas de maximum. |
| Durée: | Illimitée, sauf dispositions contraires des statuts. |
| Capital: | Ni minimum, ni maximum. Apports en espèces, en nature ou en industrie. |
| Réserve légale obligatoire: | Non. |
| Responsabilité financière: | Les associés sont tous responsables indéfiniment et solidairement, sur leurs biens personnels, des dettes de la société. |
| Forme des parts sociales et actions: | Les parts sociales sont nominatives. |
| Cession des parts sociales et actions: | Les parts sociales ne sont pas librement cessibles à des tiers. |
| Informations comptables et financières: | Bilan, compte de profits et pertes, annexe et rapport de gestion approuvés pour chaque exercice par l'assemblée des associés. Pas de dépôt des comptes annuels au Registre de Commerce et des Sociétés. |
| Fiscalité: | Droit d'apport.<br>Impôt foncier.<br>Impôt commercial.<br>Impôt sur la fortune.<br>Les associés sont personnellement soumis à l'impôt sur le revenu des personnes physiques. |
| Responsabilité des fondateurs: | Pas de responsabilité particulière pour les fondateurs. |
| Statut des gérants et des administrateurs: | Possibilité de gérant unique ou de plusieurs gérants, nommés par les statuts ou par les associés. |
| Surveillance et contrôle de la société: | Ni commissaire aux comptes, ni réviseur d'entreprises. |

## 2.c) **Société en commandite simple (SECS)**

| | |
|---|---|
| Acte de constitution: | Acte sous seing privé ou acte notarié, publiable par extraits au Mémorial. |
| Nombre d'associés: | Un ou plusieurs associés commandités et un ou plusieurs commanditaires. |
| Durée: | Illimitée, sauf dispositions contraires des statuts. |
| Capital: | Ni minimum, ni maximum. Apports en espèces, en nature ou en industrie. |
| Réserve légale obligatoire: | Non. |
| Responsabilité financière: | Les commandités sont tous responsables indéfiniment et solidairement, sur leurs biens personnels, des dettes de la société.<br>Les associés commanditaires le sont jusqu'à concurrence du montant de leur mise. |
| Forme des parts sociales et actions: | Les parts sociales sont nominatives. |
| Cession des parts sociales et actions: | Les parts sociales sont, en principe, incessibles. |
| Informations comptables et financières: | Bilan, compte de profits et pertes, annexe et rapport de gestion approuvés pour chaque exercice par l'assemblée des associés. Pas de dépôt des comptes annuels au Registre de Commerce et des Sociétés. |
| Fiscalité: | Droit d'apport.<br>Impôt foncier.<br>Impôt commercial.<br>Impôt sur la fortune.<br>Les associés sont personnellement soumis à l'impôt sur le revenu des personnes physiques. |
| Responsabilité des fondateurs: | Pas de responsabilité particulière pour les fondateurs. |
| Statut des gérants et des administrateurs: | Les associés commandités gèrent la société à l'instar des gérants d'une SENC. L'associé commandité est supposé être gérant nommé par les statuts. Il ne pourra être révoqué que par décision judiciaire pour des motifs graves. |
| Surveillance et contrôle de la société: | Ni commissaire aux comptes, ni réviseur d'entreprises. |

## 2.d) **Société anonyme (SA)**

| | |
|---|---|
| Acte de constitution: | Acte notarié, publiable intégralement. |
| Nombre d'associés: | 2 personnes physiques ou morales au minimum. |
| Durée: | Illimitée, sauf dispositions contraires des statuts. |
| Capital: | Minimum 30.986,69 EUR entièrement souscrit et libéral jusqu'à concurrence d'un quart au moins de la valeur nominale de chaque action. Apports en espèces ou en nature. En cas de libération en nature: certification pour un réviseur d'entreprises. |
| Réserve légale obligatoire: | Oui. |
| Responsabilité financière: | Les actionnaires sont responsables dans la limite du montant de leur participation au capital social. |
| Forme des parts sociales et actions: | Les actions intégralement libérées sont au porteur ou nominatives.<br>Les actions partiellement libérées sont nominatives jusqu'à leur libération intégrale.<br>Les actions peuvent avoir une valeur nominale désignée ou être sans désignation de valeur nominale.<br>Création de parts bénéficiaires non autorisée. |
| Cession des parts sociales et actions: | La cession des actions nominatives ne produit ses effets vis-à-vis de la société que si l'une des 2 formalités est observée:<br>1) déclaration de transfert dans le registre des actions nominatives, datée et signée par le cédant et le cessionnaire;<br>2) signification du transfert à la société ou l'acceptation de celle-ci par la société dans un acte authentique.<br>La cession des actions au porteur s'opère entre parties par l'échange de consentement et vis-à-vis des tiers par la tradition du titre. |
| Informations comptables et financières: | Bilan, compte de profits et pertes, annexe et rapport de gestion approuvés par l'assemblée générale des actionnaires. Dépôt des comptes annuels, du rapport de gestion et du rapport des commissaires aux comptes et réviseurs d'entreprises au Registre de Commerce et des Sociétés. |

02

| | |
|---|---|
| Fiscalité: | Droit d'apport.<br>Impôt foncier.<br>Impôt commercial.<br>Impôt sur la fortune.<br>Impôt sur le revenu des collectivités. |
| Responsabilité des fondateurs: | Les fondateurs sont tenus solidairement envers les tiers:<br>1) de toute la partie du capital non valablement souscrite et la différence entre le capital minimal et le montant des souscriptions,<br>2) de la libération effective jusqu'à concurrence de 25% à la constitution des actions souscrites ainsi que de la libération dans un délai de 5 ans des actions émises en contrepartie d'apports autres qu'en espèces,<br>3) de la réparation du préjudice découlant soit de la nullité de la société, soit de l'absence ou de la non-conformité des énonciations dans l'acte ou dans le projet de société. |
| Statut des gérants et des administrateurs: | L'assemblée générale des actionnaires nomme les membres du conseil d'administration (administrateurs). Minimum prescrit: 3.<br>L'administrateur peut être une personne physique ou morale.<br>Le mandat de l'administrateur est limité à 6 ans avec possibilité de réélection.<br>Les administrateurs ne contractent aucune obligation personnelle relativement aux engagements de la société. Ils ont la responsabilité des fautes, quasi-délits et délits commis dans l'exercice de leur mandat. |
| Surveillance et contrôle de la société: | La surveillance par un ou plusieurs réviseur(s) d'entreprises est obligatoire dans toute société qui, à la date de clôture du bilan, dépasse les limites chiffrées de 2 des 3 critères suivants:<br>1) somme du bilan: 3,125 millions d'EUR,<br>2) chiffre d'affaires net: 6,25 millions d'EUR,<br>3) personnel: 50.<br>Dans toute société ne dépassant pas les limites chiffrées ci-dessus, la surveillance est obligatoire par un ou plusieurs commissaires aux comptes, associés ou non. |

## 2.e) **Société anonyme unipersonnelle**

| | |
|---|---|
| Acte de constitution: | Acte notarié, publiable intégralement. |
| Nombre d'associés: | 1 personne physique ou morale. |
| Durée: | Illimitée, sauf dispositions contraires des statuts. |
| Capital: | Minimum 30.986,69 EUR entièrement souscrit et libéral jusqu'à concurrence d'un quart au moins de la valeur nominale de chaque action. Apports en espèces ou en nature. En cas de libération en nature: certification pour un réviseur d'entreprises. |
| Réserve légale obligatoire: | Oui. |
| Responsabilité financière: | L'actionnaire est responsable dans la limite du montant de son apport. |
| Forme des parts sociales et actions: | Les actions intégralement libérées sont au porteur ou nominatives.<br>Les actions partiellement libérées sont nominatives jusqu'à leur libération intégrale.<br>Les actions peuvent avoir une valeur nominale désignée ou être sans désignation de valeur nominale.<br>Création de parts bénéficiaires non autorisée. |
| Cession des parts sociales et actions: | La cession des actions nominatives ne produit ses effets vis-à-vis de la société que si l'une des 2 formalités est observée:<br>1) déclaration de transfert dans le registre des actions nominatives, datée et signée par le cédant et le cessionnaire;<br>2) signification du transfert à la société ou l'acceptation de celle-ci par la société dans un acte authentique.<br>La cession des actions au porteur s'opère entre parties par l'échange de consentement et vis-à-vis des tiers par la tradition du titre. |
| Informations comptables et financières: | Bilan, compte de profits et pertes, annexe et rapport de gestion approuvés par l'assemblée générale des actionnaires. Dépôt des comptes annuels, du rapport de gestion et du rapport des commissaires aux comptes et |

| | |
|---|---|
| | réviseurs d'entreprises au Registre de Commerce et des Sociétés. |
| Fiscalité: | Droit d'apport.<br>Impôt foncier.<br>Impôt commercial.<br>Impôt sur la fortune.<br>Impôt sur le revenu des collectivités. |
| Responsabilité du fondateur: | Le fondateur est tenu envers les tiers:<br>1) de toute la partie du capital non valablement souscrite et la différence entre le capital minimal et le montant des souscriptions,<br>2) de la libération effective jusqu'à concurrence de 25% à la constitution des actions souscrites ainsi que de la libération dans un délai de 5 ans des actions émises en contrepartie d'apports autres qu'en espèces,<br>3) de la réparation du préjudice découlant soit de la nullité de la société, soit de l'absence ou de la non-conformité des énonciations dans l'acte ou dans le projet de société. |
| Statut du gérant et de l'administrateur: | L'associé unique assure le mandat d'administrateur.<br>Il exerce les pouvoirs dévolus à l'assemblée générale et ses décisions sont consignées dans un procès-verbal.<br>Le mandat de l'administrateur est limité à 6 ans avec possibilité de réélection.<br>L'administrateur ne contracte aucune obligation personnelle relativement aux engagements de la société. Il a la responsabilité des fautes, quasi-délits et délits commis dans l'exercice de son mandat. |
| Surveillance et contrôle de la société: | La surveillance par un ou plusieurs réviseur(s) d'entreprises est obligatoire dans toute société qui, à la date de clôture du bilan, dépasse les limites chiffrées de 2 des 3 critères suivants:<br>1) somme du bilan: 3,125 millions d'EUR,<br>2) chiffre d'affaires net: 6,25 millions d'EUR,<br>3) personnel: 50.<br>Dans toute société ne dépassant pas les limites chiffrées ci-dessus, la surveillance est obligatoire par un ou plusieurs commissaires aux comptes, associés ou non. |

## 2.f) Société à responsabilité limitée (SARL)

| | |
|---|---|
| Acte de constitution: | Acte notarié, publiable intégralement au Mémorial C. |
| Nombre d'associés: | De 2 à 40 personnes physiques ou morales. |
| Durée: | Illimitée, sauf dispositions contraires des statuts. |
| Capital: | Minimum 12.394,68 EUR entièrement souscrit et entièrement libérable. Apports en espèces ou en nature. |
| Réserve légale obligatoire: | Oui. |
| Responsabilité financière: | Les associés sont responsables dans la limite du montant de leur participation au capital. |
| Forme des parts sociales et actions: | Les parts sociales sont nominatives.<br>Elles doivent avoir une valeur nominale désignée d'au moins 24,79 EUR.<br>Chaque part sociale doit avoir la même valeur.<br>Création de parts bénéficiaires non autorisée. |
| Cession des parts sociales et actions: | Les parts sociales ne sont pas librement négociables.<br>Elles ne peuvent être cédées entre vifs à des non-associés qu'avec l'agrément donné par l'assemblée générale des associés représentant au moins 3⁄4 du capital social.<br>La cession des parts doit être constatée par acte notarié ou par acte sous seing privé. |
| Informations comptables et financières: | Bilan, compte de profits et pertes, annexe et rapport de gestion approuvés par l'assemblée des associés.<br>Dépôt des comptes annuels au Registre de Commerce et des Sociétés. |
| Fiscalité: | Droit d'apport.<br>Impôt foncier.<br>Impôt commercial.<br>Impôt sur la fortune.<br>Impôt sur le revenu des collectivités. |
| Responsabilité des fondateurs: | Les fondateurs sont tenus solidairement envers les tiers:<br>1) de toute la partie du capital non valablement souscrite et la différence entre le capital minimal et le montant des souscriptions, |

| | |
|---|---|
| | 2) de la libération effective des parts sociales,<br>3) de la réparation du préjudice découlant soit de la nullité de la société, soit de l'absence ou de la non-conformité des énonciations dans l'acte de la société. |
| Statut du gérant et de l'administrateur: | Gérant unique ou plusieurs gérants, nommés par les statuts ou par l'assemblée générale des associés.<br>Le gérant n'a pas besoin d'être associé.<br>Les gérants ne peuvent être révoqués que pour des causes légitimes (incapacité manifeste, concurrence déloyale, infidélité, détournement de fonds).<br>Le gérant est considéré comme mandataire de la société.<br>La société est liée par les actes accomplis par les gérants, même si ces actes excèdent l'objet social, à moins qu'elle ne prouve que le tiers savait que l'acte dépassait l'objet social ou qu'il ne pouvait l'ignorer, sans que la seule publication des statuts suffise à établir cette preuve. |
| Surveillance et contrôle de la société: | Seules les sociétés de plus de 25 associés sont soumises à la surveillance obligatoire par un ou plusieurs commissaires, associés ou non, nommés dans l'acte de la société.<br>La surveillance par un ou plusieurs réviseur(s) d'entreprises est obligatoire dans toute société qui, à la date de clôture du bilan, dépasse les limites chiffrées de 2 des 3 critères suivants:<br>1) somme du bilan: 3,125 millions d'EUR,<br>2) chiffre d'affaires net: 6,25 millions d'EUR,<br>3) personnel: 50.<br>Dans toute société ne dépassant pas les limites chiffrées ci-dessus, la surveillance est obligatoire par un ou plusieurs commissaires aux comptes, associés ou non. |

## 2.g) **Société à responsabilité limitée unipersonnelle**

| | |
|---|---|
| Acte de constitution: | Acte notarié, publiable intégralement au Mémorial C. |
| Nombre d'associés: | Un seul et unique associé. |
| Durée: | Illimitée, sauf dispositions contraires des statuts. |
| Capital: | Minimum 12.394,68 EUR entièrement souscrit et entièrement libérable. Apports en espèces ou en nature. |
| Réserve légale obligatoire: | Oui. |
| Responsabilité financière: | L'associé est responsable dans la limite du montant du capital social. |
| Forme des parts sociales et actions: | Les parts sociales sont nominatives.<br>Elles doivent avoir une valeur nominale désignée d'au moins 24,79 EUR.<br>Chaque part sociale doit avoir la même valeur.<br>L'associé unique détient toutes les parts. |
| Cession des parts sociales et actions: | Les parts sociales ne sont pas librement négociables.<br>La cession des parts doit être constatée par acte notarié ou par acte sous seing privé. |
| Informations comptables et financières: | Bilan, compte de profits et pertes, annexe et rapport de gestion.<br>Dépôt des comptes annuels au Registre de Commerce et des Sociétés. |
| Fiscalité: | Droit d'apport.<br>Impôt foncier.<br>Impôt commercial.<br>Impôt sur la fortune.<br>Impôt sur le revenu des collectivités. |
| Responsabilité des fondateurs: | Le fondateur est tenu solidairement envers les tiers:<br>1) de toute la partie du capital non valablement souscrite et la différence entre le capital minimal et le montant des souscriptions,<br>2) de la libération effective des parts sociales,<br>3) de la réparation du préjudice découlant soit de la nullité de la société, soit de l'absence ou de la non-conformité des énonciations dans l'acte de la société. |

02

| | |
|---|---|
| Statut du gérant et de l'administrateur: | Gérant unique ou plusieurs gérants, nommés par les statuts ou par l'assemblée générale des associés. Il peut être une personne morale.<br>Le gérant d'une SARL unipersonnelle ne doit pas être nécessairement l'associé unique de celle-ci.<br>Les gérants ne peuvent être révoqués que pour des causes légitimes (incapacité manifeste, concurrence déloyale, infidélité, détournement de fonds).<br>Le gérant est considéré comme mandataire de la société.<br>La société est liée par les actes accomplis par les gérants, même si ces actes excèdent l'objet social, à moins qu'elle ne prouve que le tiers savait que l'acte dépassait l'objet social ou qu'il ne pouvait l'ignorer, sans que la seule publication des statuts suffise à établir cette preuve. |
| Surveillance et contrôle de la société: | Pas de commissaire aux comptes, ni de réviseur d'entreprises.<br>La surveillance par un ou plusieurs réviseur(s) d'entreprises est obligatoire dans toute société qui, à la date de clôture du bilan, dépasse les limites chiffrées de 2 des 3 critères suivants:<br>1) somme du bilan: 3,125 millions d'EUR,<br>2) chiffre d'affaires net: 6,25 millions d'EUR,<br>3) personnel: 50. |

## 3 La Société Anonyme Européenne

La loi du 25 août 2006 a introduit une nouvelle variante de société anonyme, la Société Anonyme Européenne (SE). Il ne s'agit pas d'une nouvelle forme de société commerciale, mais d'une variante de la société anonyme présentant quelques spécificités.

Le règlement de la SE ne connaît que quelques règles de fonctionnement communes dans toute l'Europe. Pour le reste, elle est considérée dans chaque pays membre de l'Union européenne comme une société anonyme constituée selon le droit de l'Etat membre.

La création d'une SE de droit luxembourgeois ne peut se faire que dans quatre cas de figure bien déterminés par la loi:

- Par fusion de sociétés anonymes préexistantes dont deux au moins relèvent du droit d'un Etat de l'Espace économique européen différent.
- Par constitution d'une SE Holding réunissant des sociétés anonymes ou des sociétés à responsabilité limitée relevant du droit d'Etats membres, si deux au moins d'entre elles relèvent d'Etats membres différents ou ont depuis au moins deux années une filiale ou une succursale commune située dans un autre Etat membre.
- Par constitution d'une filiale sous forme de SE, par des sociétés commerciales, des sociétés civiles ou des personnes morales de droit public ou privé constituées selon le droit d'un Etat membre, si deux d'entre elles relèvent du droit de deux Etats membres différents ou ont depuis deux années au moins une filiale ou une succursale commune située dans un autre Etat membre.
- Par transformation d'une société anonyme en SE, si elle a depuis au moins deux ans une filiale relevant du droit d'un Etat membre.

De ce qui précède et vu que le capital social d'une SE doit être d'au moins 120.000 EUR, la SE ne se prête guère à un nouveau créateur d'entreprise et n'est par conséquent pas traitée davantage dans cet ouvrage.

# 03

# Le Registre de Commerce et des Sociétés

## 1 Informations générales

Le Registre de Commerce et des Sociétés (RCS) est régi par la loi du 19 décembre 2002 ainsi que les règlements grand-ducaux du 23 janvier 2003 et du 24 juillet 2006. Il fonctionne sous l'autorité du ministère de la Justice, lequel a confié sa gestion à un groupement d'intérêt économique comprenant l'Etat, la Chambre de Commerce et la Chambre des Métiers.

Le RCS constitue un répertoire officiel de toutes les personnes physiques et morales faisant le commerce ainsi que d'autres entités visées par la loi du 19 décembre 2002.

Le RCS collecte deux sortes de données:

- données signalétiques et juridiques (dénomination ou raison sociale, objet social, capital social, composition du conseil d'administration, commissaire aux comptes, pouvoirs de signature...),
- comptes annuels.

Le RCS est accessible au public qui peut consulter les documents déposés et en avoir une copie moyennant le paiement des frais administratifs.

Pour avoir connaissance des informations détenues par le RCS sur une personne immatriculée ou inscrite, une demande d'extrait peut être demandée auprès du RCS.

La demande peut être introduite de deux manières différentes :

- Sur base d'un formulaire standardisé disponible dans les locaux du RCS ou sur le site Internet du RCS. Celui-ci doit être déposé ou envoyé (par courrier ou fax) au RCS qui confirme la réception de la demande. La confirmation de la demande contient un numéro de référence qui doit être mentionné sur l'ordre de paiement couvrant les frais administratifs payables d'avance.

- A travers le portail en ligne du RCS où, après l'ouverture d'un compte utilisateur, la demande peut être directement transmise et le paiement effectué en ligne.

03

Les extraits sont reçus sous format papier ou électronique, et à la requête du demandeur, certifiés conforme ou signés électroniquement, le cas échéant.

L'extrait émis par le RCS consiste en un résumé des données qu'une personne immatriculée ou inscrite doit déposer au RCS. L'extrait reflète l'état actuel des données déposées dans le dossier de la personne immatriculée ou inscrite.

Toute immatriculation, inscription ou modification ultérieure y relative doit se faire au moyen d'un formulaire de réquisition type, différencié en fonction de la forme juridique de la société du requérant. Les différents formulaires de réquisition sont disponibles dans les locaux du RCS ou sur le site Internet du RCS.

Le formulaire de réquisition dûment rempli et signé doit être remis au RCS en original et en copie. La copie est destinée à l'usager et sert comme preuve du dépôt de la réquisition au RCS.

Le formulaire de réquisition doit être accompagné, en original et en double copie, des documents dont la loi prévoit la publication. Une copie est remise à l'usager en tant que récépissé et la deuxième est envoyée par les soins du RCS au Service Central de Législation aux fins de publication. L'original du document destiné à la publication est déposé dans le dossier du requérant auprès du RCS.

Les frais administratifs de dépôt au RCS sont à payer par l'usager. Ces frais ne contiennent pas les droits et frais liés à l'enregistrement des documents prélevés par l'Administration de l'Enregistrement et des Domaines.

Les immatriculations, les inscriptions et les modifications apportées au RCS sont effectuées:

- En personne.
- Par mandataire.
- Par le notaire, rédacteur de l'acte constitutif ou modificatif de la personne morale.
- La Chambre de Commerce et la Chambre des Métiers.

Toute immatriculation, inscription et communication prescrite par la loi doit être déposée au RCS au plus tard dans le mois de l'événement qui la rend nécessaire.

La publication au Mémorial doit être faite dans les deux mois qui suivent la date du dépôt.

## 2 Etendue

Le Registre de Commerce gère les immatriculations suivantes qui lui ont été transmises:

- les commerçants personnes physiques,
- les sociétés commerciales,
- les groupements d'intérêt économique,
- les groupements européens d'intérêt économique,
- les succursales créées au Grand-Duché de Luxembourg par des sociétés relevant du droit d'un autre Etat,
- les sociétés civiles,
- les associations sans but lucratif,
- les fondations,
- les associations d'épargne-pension,
- les associations agricoles,
- les établissements publics de l'Etat et des communes,
- les autres personnes morales dont l'immatriculation est prévue par la loi.

### 2.a) Les commerçants personnes physiques

*Les commerçants personnes physiques et les déclarations qu'ils sont tenus de communiquer au Registre de Commerce*

La demande obligatoire d'immatriculation d'un particulier faisant le commerce contient les informations suivantes:

1. Le nom.
2. Les prénoms.
3. L'enseigne commerciale et, le cas échéant, l'abréviation utilisée.
4. L'adresse précise de l'établissement principal où s'exerce l'activité commerciale.
5. L'objet du commerce tel qu'il figure sur l'autorisation d'établissement délivrée conformément à la loi modifiée du 28 décembre 1988 réglementant l'accès aux professions d'artisan, de commerçant, d'industriel ainsi qu'à certaines professions libérales.
6. La date de création du commerce.
7. Le cas échéant, les noms, prénoms, date et lieu de naissance, ou, s'il s'agit de personnes morales, la dénomination sociale ou la raison sociale des gérants et fondés

de pouvoir général et leurs attributions; s'il s'agit de personnes morales, le numéro d'immatriculation au Registre de Commerce et des Sociétés doit être indiqué si la législation de l'Etat dont la société relève prévoit un tel numéro.

8. L'état civil comprenant la date et le lieu de naissance, l'adresse privée précise, la nationalité, l'état civil proprement dit et, le cas échéant, les nom, prénoms, date et lieu de naissance du conjoint, la date et le lieu du mariage, la date et l'indication du régime matrimonial.
9. Le numéro de l'autorisation d'établissement délivrée conformément à la loi modifiée du 28 décembre 1988 réglementant l'accès aux professions d'artisan, de commerçant, d'industriel ainsi qu'à certaines professions libérales.
10. Les pièces présentées à l'appui de la réquisition d'immatriculation.

Un règlement grand-ducal peut compléter la liste des autorisations administratives nécessaires dans le chef de la personne du commerçant pour l'exploitation du commerce que le commerçant doit indiquer au moment de la réquisition d'immatriculation.

Toute cession, transmission, prise à bail ou cessation d'une entreprise commerciale d'un commerçant personne physique, est également à inscrire.

Le propriétaire, son successeur, le preneur à bail, le ou les gérants ou fondés de pouvoir général de tout établissement commercial d'un commerçant personne physique doivent déposer auprès du Registre de Commerce et des Sociétés, avec la réquisition d'inscription qu'ils signent, la signature sous laquelle ils géreront les affaires.

## 2.b) **Les succursales des commerçants personnes physiques**

Toute succursale d'un commerçant personne physique doit être inscrite. L'inscription ne peut se faire qu'après l'inscription du principal établissement et contient les informations suivantes:

1. Les nom et prénoms du commerçant personne physique ainsi que son numéro d'immatriculation au Registre de Commerce et des Sociétés, si la législation de l'Etat dont relève le principal établissement prévoit un tel numéro.
2. La dénomination de la succursale et l'enseigne commerciale si elles ne correspondent pas à l'enseigne commerciale du principal établissement et, le cas échéant, l'abréviation utilisée.

3. L'adresse précise de la succursale.
4. L'objet du commerce tel qu'il figure sur l'autorisation d'établissement délivrée conformément à la loi modifiée du 28 décembre 1988 réglementant l'accès aux professions d'artisan, de commerçant, d'industriel ainsi qu'à certaines professions libérales.
5. Les noms, prénoms, date et lieu de naissance ou, s'il s'agit de personnes morales, la dénomination sociale ou la raison sociale, et l'adresse privée ou professionnelle précise des représentants permanents de la succursale, avec indication de l'étendue de leurs pouvoirs; s'il s'agit de personnes morales, le numéro d'immatriculation au Registre de Commerce et des Sociétés doit être indiqué si la législation de l'Etat dont la société relève prévoit un tel numéro.
6. Le numéro de l'autorisation d'établissement délivrée conformément à la loi modifiée du 28 décembre 1988 réglementant l'accès aux professions d'artisan, de commerçant, d'industriel ainsi qu'à certaines professions libérales.

Lorsque l'entreprise à laquelle se réfère l'inscription cesse d'exister, la radiation de l'inscription doit être requise par la personne prévue à l'article 3 de la loi du 19 décembre 2002, ou, en cas de décès de celle-ci, par ses héritiers.

Cette disposition s'applique également en cas de cession de l'entreprise, à moins que le cessionnaire ne la continue sous le nom et l'enseigne de l'entreprise cédée, sans préjudice de l'obligation d'immatriculation personnelle.

## 2.c) **Les sociétés commerciales**

*Les personnes morales et les déclarations qu'elles sont tenues de communiquer au Registre de Commerce*

La demande obligatoire d'immatriculation des sociétés commerciales contient les informations suivantes:

1. La dénomination sociale ou la raison sociale et, le cas échéant, l'abréviation et l'enseigne commerciale utilisées.
2. La forme juridique.
3. L'adresse précise du siège social.
4. L'indication de l'objet social.

5. Le montant du capital social, ou, en cas de capital variable, l'indication du montant en dessous duquel il ne peut être réduit.
6. Dans le cas des sociétés en nom collectif, des sociétés en commandite simple et des sociétés à responsabilité limitée, les noms, prénoms, date et lieu de naissance des associés, ou s'il s'agit de personnes morales, leur dénomination sociale ou leur raison sociale, leur forme juridique, leur adresse privée ou professionnelle précise et le nombre de parts sociales détenues par chacun; s'il s'agit de personnes morales, le numéro d'immatriculation au Registre de Commerce et des Sociétés doit être indiqué si la législation de l'Etat dont la société relève prévoit un tel numéro.
7. Les noms, prénoms, date et lieu de naissance ou, s'il s'agit de personnes morales, la dénomination sociale ou la raison sociale, la fonction et l'adresse privée ou professionnelle précise des personnes autorisées à gérer, administrer et signer pour la société, le régime de signature, la date de nomination et la date d'expiration du mandat; s'il s'agit de personnes morales, le numéro d'immatriculation au Registre de Commerce et des Sociétés doit être indiqué si la législation de l'Etat dont la société relève prévoit un tel numéro.
8. Les noms, prénoms, date et lieu de naissance ou, s'il s'agit de personnes morales, la dénomination sociale ou la raison sociale, et l'adresse privée ou professionnelle précise du commissaire aux comptes ou du réviseur d'entreprises, la date de nomination et la date d'expiration du mandat; s'il s'agit de personnes morales, le numéro d'immatriculation au Registre de Commerce et des Sociétés doit être indiqué si la législation de l'Etat dont la société relève prévoit un tel numéro.
9. La date de constitution de la société ainsi que sa durée.
10. Pour les sociétés résultant d'une fusion ou d'une scission: la raison sociale ou la dénomination sociale, la forme juridique, l'adresse précise du siège social et le numéro d'immatriculation au Registre de Commerce et des Sociétés de toutes les sociétés y ayant participé.
11. Pour les sociétés commerciales soumises à publicité de leurs comptes annuels, la date de clôture de l'exercice social.

## 2.d) **Les groupements d'intérêt économique (nationaux et européens)**

*Les groupements d'intérêt économique et les groupements européens d'intérêt économique et les déclarations qu'ils sont tenus de communiquer au Registre de Commerce*

La demande obligatoire d'immatriculation de ces groupements contient les informations suivantes:

1. La dénomination du groupement et, le cas échéant, l'abréviation et l'enseigne commerciale utilisées.
2. L'indication de l'objet du groupement.
3. Les noms, prénoms, date et lieu de naissance, adresse privée ou professionnelle précise ou, s'il s'agit de personnes morales, la raison sociale ou la dénomination sociale, la forme juridique, l'objet social, le siège social et le cas échéant, le numéro d'immatriculation au Registre de Commerce et des Sociétés de chacun des membres du groupement.
4. La date de constitution du groupement ainsi que sa durée.
5. L'adresse précise du siège du groupement.
6. Les noms, prénoms, date et lieu de naissance, adresse privée ou professionnelle précise ou, s'il s'agit de personnes morales, la dénomination ou la raison sociale, le siège social et le numéro d'immatriculation au Registre de Commerce et des Sociétés, si la législation de l'Etat dont la personne morale relève prévoit un tel numéro, des personnes autorisées à gérer, administrer et signer pour le groupement, le régime de signature, la date de nomination et la date d'expiration du mandat; dans le cas où il s'agit de personnes morales, les noms, prénoms, date et lieu de naissance et adresse professionnelle ou privée précise des représentants, personnes physiques, désignées par celles-ci.

## 2.e) Les succursales d'un groupement d'intérêt économique (nationales et européennes)

Toute succursale d'un groupement d'intérêt économique et d'un groupement européen d'intérêt économique doit être immatriculée auprès du Registre de Commerce.

L'inscription ne peut se faire qu'après l'inscription du principal établissement et contient les informations suivantes:

1. La raison sociale ou la dénomination sociale de la société commerciale, du groupement d'intérêt économique ou du groupement européen d'intérêt économique ainsi que son numéro d'immatriculation au Registre de Commerce et des Sociétés.
2. La dénomination et l'enseigne commerciale de la succursale si elles ne correspondent pas à la raison sociale, à la dénomination sociale ou à l'enseigne commerciale du

principal établissement.

3. L'adresse précise de la succursale.
4. Les activités de la succursale.
5. Les noms, prénoms, date et lieu de naissance ou, s'il s'agit de personnes morales, la dénomination sociale ou la raison sociale, et l'adresse privée ou professionnelle précise des représentants permanents pour l'activité de la succursale, avec indication de l'étendue de leurs pouvoirs s'il s'agit de personnes morales. Le numéro d'immatriculation au Registre de Commerce et des Sociétés doit être indiqué si la législation de l'Etat dont la société relève prévoit un tel numéro.

## 2.f) Les succursales créées par des sociétés relevant du droit d'un autre Etat membre

Les sociétés relevant de la législation d'un autre Etat sont tenues de requérir l'immatriculation de leurs succursales créées au Grand-Duché de Luxembourg.

L'immatriculation contient les informations suivantes:

1. La dénomination sociale ou la raison sociale de la société ainsi que sa forme juridique.
2. Le numéro d'immatriculation au Registre de Commerce de la société si la législation de l'Etat dont la société relève prévoit un tel numéro et, le cas échéant, le registre auprès duquel le dossier mentionné à l'article 3 de la directive 68/151/CEE est ouvert pour la société.
3. La dénomination de la succursale et son enseigne commerciale si elles ne correspondent pas à la raison sociale, à la dénomination sociale ou à l'enseigne commerciale de la société.
4. L'adresse précise de la succursale.
5. Les activités de la succursale.
6. Les noms, prénoms, date et lieu de naissance ou, s'il s'agit de personnes morales, la dénomination sociale ou la raison sociale, et l'adresse privée ou professionnelle précise des personnes qui ont le pouvoir d'engager la société à l'égard des tiers en tant qu'organe de la société légalement prévu ou membres d'un tel organe.
7. Les noms, prénoms, date et lieu de naissance ou, s'il s'agit de personnes morales, la dénomination sociale ou la raison sociale, et l'adresse privée ou professionnelle précise des représentants permanents pour l'activité de la succursale et l'étendue de leurs pouvoirs.

Doivent être inscrites:

- La dissolution de la société, les noms, prénoms, date et lieu de naissance, ou, s'il s'agit de personnes morales, la dénomination ou la raison sociale des liquidateurs, l'étendue de leurs pouvoirs ainsi que la clôture de la liquidation.
- Toute procédure de faillite, de concordat ou autre procédure analogue dont la société fait l'objet.
- La fermeture de la succursale.

En cas de pluralité de succursales, celles-ci sont inscrites sous un numéro d'immatriculation commun.

## 2.g) Les sociétés civiles

Les sociétés civiles sont tenues de requérir l'immatriculation auprès du Registre de Commerce.

L'immatriculation contient les informations suivantes:

1. La dénomination.
2. L'objet.
3. La durée pour laquelle la société est constituée lorsqu'elle n'est pas illimitée.
4. Les noms, prénoms, date et lieu de naissance des associés, ou s'il s'agit de personnes morales, leur dénomination sociale ou leur raison sociale, leur forme juridique, et leur adresse privée ou professionnelle précise; s'il s'agit de personnes morales, le numéro d'immatriculation au Registre de Commerce et des Sociétés doit être indiqué si la législation de l'Etat dont la société relève prévoit un tel numéro.
5. L'adresse précise du siège de la société.
6. Les noms, prénoms, date et lieu de naissance des gérants, leur adresse privée ou professionnelle précise ainsi que la nature et l'étendue de leurs pouvoirs.

### 2.h) Les associations sans but lucratif, les fondations, les associations agricoles, les associations d'épargne-pension et les établissements publics

Les associations sans but lucratif, les fondations, les associations agricoles, les associations d'épargne-pension et les établissements publics sociétés civiles sont tenus de requérir l'immatriculation auprès du Registre de Commerce.

L'immatriculation contient les informations suivantes:

1. La dénomination.
2. L'objet.
3. La durée pour laquelle l'association, la fondation ou l'établissement public est constitué, lorsqu'elle n'est pas illimitée.
4. L'adresse précise du siège de l'association, de la fondation ou de l'établissement public.
5. Les noms, prénoms, date et lieu de naissance ou, s'il s'agit de personnes morales, la dénomination sociale ou la raison sociale, et l'adresse privée ou professionnelle précise des personnes autorisées à gérer, administrer et signer pour l'association ou la fondation, ou des personnes membres de l'organe de gestion pour les établissements publics avec indication de la nature et de l'étendue de leurs pouvoirs; s'il s'agit de personnes morales, le numéro d'immatriculation au Registre de Commerce et des Sociétés doit être indiqué si la législation de l'Etat dont la société relève prévoit un tel numéro.

## 3 La comptabilité et les comptes annuels des entreprises

### 3.a) Définition

La loi du 19 décembre 2002 concernant le Registre de Commerce et des Sociétés ainsi que la comptabilité et les comptes annuels prévoit l'instauration d'une Centrale des bilans (CDB) auprès du Service central de la statistique et des études économiques (STATEC).

Pour y aboutir, la loi prévoit l'obligation de dépôt des comptes annuels pour les entreprises, excepté celles ayant un chiffre d'affaires annuel inférieur à 100.000 EUR.

Les dépôts doivent se faire dans le mois de leur approbation et au plus tard sept mois après la date de clôture de l'année civile lorsqu'il s'agit de commerçants personnes physiques ou de clôture de l'exercice lorsqu'il s'agit de personnes morales.

De plus, la loi prévoit des schémas complets et abrégés pour le bilan, le compte de résultats et les annexes. Les grandes sociétés sont ainsi obligées de fournir plus de documents et des informations plus détaillées que les petites sociétés.

Les documents ainsi déposés sont transmis par le Registre de Commerce et des Sociétés au STATEC qui en assure l'archivage et la conservation sur support informatique. Le Registre de Commerce et des Sociétés figurera comme point d'entrée unique des documents comptables.

La loi définit également l'accessibilité des données déposées au public. Le grand public n'a accès qu'aux comptes annuels des sociétés anonymes, des sociétés en commandite par actions, des sociétés à responsabilité limitée et des coopératives.

### 3.b) **En pratique**

La CDB évitera aux entreprises des demandes d'informations redondantes des différentes administrations. Ainsi, les entreprises ne devront déposer qu'une seule fois leurs comptes annuels. La CDB assurera la communication aux administrations et la mise à disposition, dans les limites de la loi, au public. Dans le futur, les intéressés pourront consulter les comptes annuels sur Internet moyennant le paiement des frais administratifs et n'auront plus besoin de se déplacer au Registre de Commerce et des Sociétés. Avec les données collectées, la CDB devra même être en mesure de produire des dossiers d'analyse financière.

La CDB facilitera également la tâche des différentes administrations en mettant à leur disposition des données sous format électronique facilement exploitable.

OPEN

# Le droit d'établissement

## 1 Informations générales

Les principes fondamentaux du droit d'établissement ont été établis par la loi modifiée du 28 décembre 1988 et ses règlements d'exécution. La réglementation existante a été réformée par la loi du 9 juillet 2004 portant sur le droit d'établissement. Celle-ci règle l'accès aux professions d'artisan, de commerçant, d'industriel ainsi qu'à certaines professions libérales.

L'accès aux professions d'artisan, de commerçant, d'industriel ainsi qu'à certaines professions libérales est donc obligatoirement et préalablement subordonné à l'obtention de l'autorisation d'établissement.

L'autorisation d'établissement et toutes les demandes et pièces s'y rapportant peuvent être sollicitées par une personne physique, ou, dans le cas d'une société, par la personne physique chargée de la gestion ou de la direction.

L'autorisation d'établissement sollicitée est délivrée par le ministère des Classes moyennes après une instruction administrative.

La délivrance de l'autorisation d'établissement est soumise à l'accomplissement de plusieurs critères.

Des critères communs à toutes les activités:

- L'honorabilité.
- L'établissement stable.
- La direction effective et permanente.

Un critère spécifique à chaque activité:

- La qualification professionnelle.

Les personnes qui sont déjà titulaires d'une autorisation d'établissement doivent néanmoins solliciter une nouvelle autorisation dans les cas suivants:

- Changement ou extension de l'objet social pour lequel l'autorisation a été délivrée.

- Changement de la personne chargée de la direction et de la gestion de l'entreprise à laquelle l'autorisation d'établissement a été accordée en considération de sa qualification professionnelle.

Par contre, les changements suivants doivent seulement être notifiés au ministre compétent dans le mois, au plus tard, à partir du jour où les faits suivants les rendent nécessaires:

- Modification de la dénomination ou de la forme juridique.
- Changement de l'adresse professionnelle ou du siège d'exploitation.

L'autorisation d'établissement est illimitée dans le temps, sauf dans certains cas déterminés:

- A défaut d'utilisation pendant plus de 2 ans à partir de la date d'octroi.
- En cas de cessation volontaire (en cas d'établissement) de l'activité.
- En cas de mise en liquidation judiciaire, de faillite ou de banqueroute de son titulaire.

L'autorisation d'établissement est retirée aux personnes qui se sont vu interdire l'exercice de leur profession en raison d'une décision passée en force de chose jugée.

Le numéro d'autorisation d'établissement doit figurer sur tous les documents officiels de l'entreprise, notamment les lettres, devis, factures, devantures et panneaux ainsi que sur les courriers électroniques et les sites Internet.

## 2 Conditions d'octroi

### 2.a) L'honorabilité

L'honorabilité est appréciée sur base des antécédents judiciaires du demandeur et des résultats de l'instruction administrative.

A cette fin, le demandeur remplit et remet une déclaration sur l'honneur, certifiée sincère et véritable, dans laquelle il renseigne dans quelle entreprise il a exercé, pendant les trois ans précédant la demande, une fonction de dirigeant de droit ou de fait, apparente ou occulte, rémunérée ou non, ou dans quelle entreprise il a détenu seul ou ensemble avec son conjoint ou un tiers, directement ou indirectement, la majorité des parts sociales ou a été en mesure d'exercer une influence significative sur la gestion ou l'administration de l'entreprise.

Dans le cadre de l'instruction administrative, les déclarations sur l'honneur peuvent être soumises par le ministère des Classes moyennes à l'Administration de l'Enregistrement et des Domaines, à l'Administration des Contributions Directes et au Centre Commun de la Sécurité Sociale. Ceux-ci peuvent soumettre des éléments d'appréciation quant à l'honorabilité professionnelle du demandeur, endéans les trois semaines qui suivent la date de réception de la demande par le ministère des Classes moyennes.

Pour un demandeur qui réside au Luxembourg depuis plus de 5 ans, luxembourgeois ou non, le ministère des Classes moyennes se charge de la procuration du casier judiciaire.

Un demandeur ne résidant pas au Luxembourg, ou qui y réside depuis moins de cinq ans, doit produire un extrait du casier judiciaire ou un certificat de bonne vie et mœurs de son pays de provenance ainsi qu'une déclaration de non-faillite, illimitée dans le temps et l'espace, à faire sous serment de notaire.

Un demandeur qui a été impliqué dans une faillite ou liquidation judiciaire pourra être invité à suivre la formation accélérée de la Chambre de Commerce.

Lorsque la demande est faite par une personne morale, c'est la personne physique chargée de la gestion ou de la direction qui doit répondre aux critères d'honorabilité.

Le formulaire de déclaration sur l'honneur est disponible auprès du ministère des Classes moyennes ou sur le site Internet du ministère.

## 2.b) **L'établissement fixe**

L'autorisation d'établissement ne peut être accordée à une personne physique ou morale qui ne dispose pas d'un établissement au Luxembourg.

L'établissement équivaut à un siège d'exploitation fixe au Luxembourg de la personne physique ou morale qui y est également imposable au sens du droit fiscal. Le siège d'exploitation fixe doit être approprié à la nature et à la dimension de l'activité poursuivie. Le siège d'exploitation fixe doit jouir d'une infrastructure opérationnelle au sein de laquelle l'activité est exercée de manière effective et dirigée de façon permanente.

Tous les documents relatifs à l'activité exercée doivent être conservés au siège d'exploitation fixe.

Une personne autorisée à engager l'entreprise à l'égard des tiers doit être présente en continu au siège d'exploitation fixe.

Un siège social établi auprès d'un domiciliataire ne remplit pas les conditions exigées par la loi.

## 2.c) La direction effective et permanente

L'autorisation d'établissement est strictement personnelle.

Le titulaire de l'autorisation d'établissement doit diriger l'activité autorisée de manière effective et permanente. Il doit régulièrement et personnellement assurer la gestion journalière de l'entreprise.

La présence permanente d'une tierce personne, même habilitée à engager l'entreprise, n'est pas suffisante.

Nul ne peut exercer une activité visée par la loi sous le couvert d'une autre personne ou servir de personne interposée.

## 2.d) La qualification professionnelle

La qualification professionnelle requise en vue d'obtention de l'autorisation d'établissement est spécifique pour chaque activité où la loi règle les conditions d'accès.

La loi fait la distinction entre les domaines d'activité suivants:

- Artisanat.
  - *Le règlement grand-ducal du 4 février 2005 divise les métiers artisanaux, visés par la loi du 9 juillet 2004, en métiers principaux et secondaires. Le champ d'activité de ces métiers est réglementé par un règlement grand-ducal en même date.*
- Commerce.
- Gestionnaires d'organismes de formation professionnelle continue.
- Agents immobiliers.
- Administrateurs de biens – syndics de copropriété.
- Promoteurs immobiliers.
- Horeca.

- Transports.
- Professions libérales:
  - *architecte,*
  - *architecte d'intérieur,*
  - *architecte paysagiste,*
  - *ingénieur indépendant,*
  - *expert-comptable,*
  - *conseiller en propriété intellectuelle,*
  - *conseiller économique,*
  - *géomètre,*
  - *comptable.*

La preuve de la qualification professionnelle, dont les critères spécifiques applicables à chaque activité sont régis par la loi (*voir chapitre* 17-3), peut se faire des manières suivantes (liste non exhaustive et à caractère informatif):

- Par la production de diplômes ou de certificats de la formation initiale.
- Par l'obtention d'équivalences sur base d'autres preuves de qualification.
- Par la preuve d'une expérience pratique dans le métier à travers un certificat d'affiliation du Centre Commun de la Sécurité Sociale.
- Par des stages pratiques ou examens réussis tels que définis par la loi.
- Par le suivi et la réussite d'une formation accélérée de la Chambre de Commerce.

Sur son site Internet, le ministère des Classes moyennes met à disposition des personnes intéressées une application de profilage permettant d'avoir une connaissance exacte des documents et / ou qualifications pré-requis, en fonction du métier pour lequel une autorisation d'établissement est sollicitée.

La loi prévoit également différents cas de figure où un droit acquis est accordé au demandeur:

- Une autorisation d'établissement a été délivrée sous l'ancienne loi sans nécessité d'avoir exercé l'activité.
- Les critères ont été remplis sous l'ancienne loi.
- Les démarches prévues par la loi ont été commencées sous l'ancienne loi.

Les personnes exerçant certains métiers spécifiques, tels que prévus par la loi, sont dispensées de solliciter une autorisation d'établissement:

- Les commerçants forains.
- Les industriels.
- Les propriétaires de machines faisant du louage d'industrie.
- Les repreneurs d'un petit commerce (sur décision ministérielle).

## 3 Procédure administrative

### 3.a) Demande d'autorisation gouvernementale

Toute personne physique, ou, en cas de société, la personne physique chargée de la gestion ou de la direction, désirant exercer un des métiers prévus par la loi du 9 juillet 2004 ou par le règlement grand-ducal du 4 février 2005, doit adresser au préalable au ministère des Classes moyennes une demande d'autorisation gouvernementale en vue de l'exercice de cette activité. La délivrance de l'autorisation d'établissement permettant l'exercice de ce métier est soumise à une instruction administrative où les modalités sont régies par la loi.

La demande se fait sur base d'un formulaire disponible auprès du ministère des Classes moyennes ou sur le site Internet du ministère.

La demande doit être affranchie d'un timbre de chancellerie d'une valeur de 24 EUR, délivré par l'Administration de l'Enregistrement. Le montant peut aussi être viré au compte chèque postal de l'Administration de l'Enregistrement qui est indiqué sur le formulaire de demande. Dans ce cas, une copie du virement doit être jointe au formulaire de demande.

Une copie de la carte d'identité ou du passeport du demandeur doit être jointe à la demande.

### 3.b) Déclaration sur l'honneur

La demande doit être accompagnée d'une déclaration sur l'honneur certifiée sincère et véritable. La déclaration sur l'honneur renseigne sur l'exercice éventuel d'une fonction dirigeante antérieure.

Le formulaire pour la déclaration sur l'honneur est disponible auprès du ministère des Classes moyennes ou sur le site Internet du ministère.

Un demandeur non-résident au Luxembourg ou qui y réside depuis moins de cinq ans, doit produire un extrait du casier judiciaire ou un certificat de bonne vie et mœurs de son pays de provenance ainsi qu'une déclaration de non-faillite, illimitée dans le temps et l'espace, à faire sous serment de notaire. Le choix du notaire est libre au sein de l'Union européenne.

## 3.c) **Qualifications professionnelles**

Pour démontrer que le demandeur dispose des connaissances nécessaires à l'exercice du métier pour lequel il fait la demande, il doit joindre une copie des pièces probantes en fonction de ses qualifications.

Les copies des diplômes jointes à la demande doivent être certifiées conformes.

Un demandeur résidant au Luxembourg doit également joindre un certificat d'affiliation à la sécurité sociale, renseignant sur son passé professionnel, disponible auprès du Centre Commun de la Sécurité Sociale.

Un demandeur qui a exercé ses activités à l'étranger doit présenter un certificat CE quant aux activités exercées dans son pays d'origine.

## 3.d) **Demande faite au nom d'une société**

En cas de demande au nom d'une société, les formulaires et pièces décrits ci-dessus doivent être relatifs à la personne physique chargée de la gestion ou de la direction de la société.

En outre, une copie des statuts de la société ou du projet de statuts de la société doit être jointe à la demande.

Au cas où la demande est faite au nom d'une succursale, une copie des statuts de la société mère et une copie de la décision de nomination de la personne chargée de la gestion de la succursale doivent être jointes à la demande.

### 3.e) **Réception de l'autorisation d'établissement**

Une fois tous les formulaires, déclarations et pièces justificatives soumis au ministère des Classes moyennes, celui-ci procède à l'instruction administrative et, en cas de décision positive, transmettra directement l'autorisation d'établissement au demandeur ou l'informe sur les modalités de retrait.

# Apprendre
# à ENTREPRENDRE

# 05

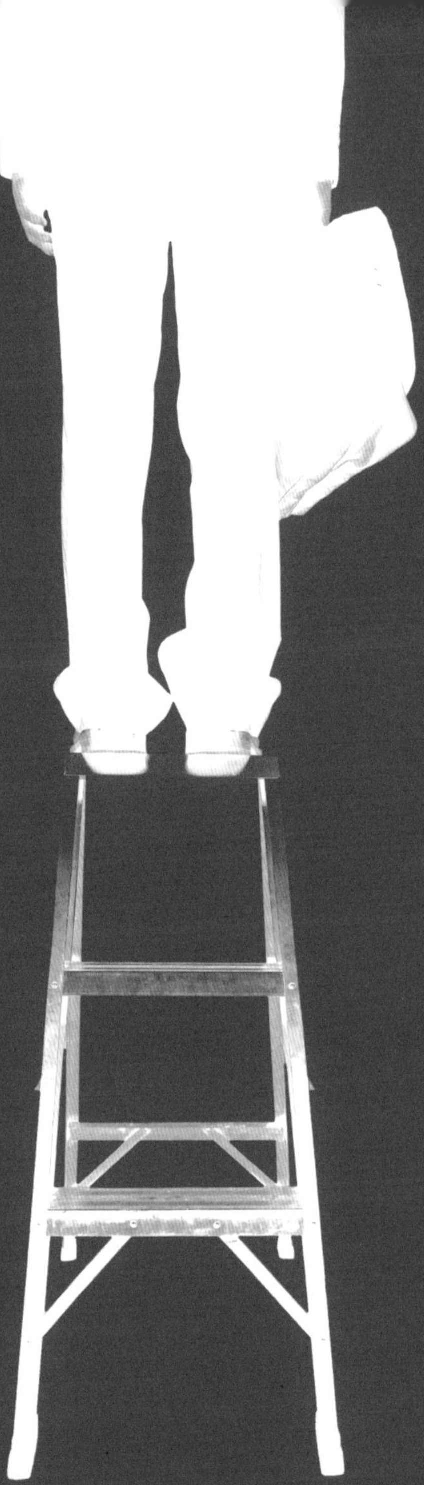

# Régime d'aides en faveur du secteur des classes moyennes

## 1 Informations générales

Par la loi du 30 juin 2004 un cadre général des régimes d'aides en faveur du secteur des classes moyennes a été créé (la loi-cadre). L'exécution de la loi est régie par le règlement grand-ducal du 19 février 2005.

La décision sur l'octroi des aides financières incombe aux ministères compétents, c'est-à-dire, le ministère des Classes moyennes et le ministère du Trésor et du Budget.

Dans ses dispositions générales, la loi-cadre définit les bénéficiaires éligibles des aides et régimes d'aides. Il s'agit des personnes physiques et morales actives dans les métiers de l'artisanat, du commerce, du secteur de l'alimentation ainsi que de certaines professions libérales.

Cependant, pour pouvoir bénéficier du régime d'aides de l'Etat, le demandeur, personne physique ou morale, doit se conformer aux conditions prévues par la loi-cadre ou par les règlements grand-ducaux y relatifs et doit surtout être en possession d'une autorisation d'établissement valable.

La loi donne également la définition d'une petite et moyenne entreprise (PME):

- Un effectif inférieur à 250 personnes et soit un chiffre d'affaires annuel inférieur à 40 millions d'EUR, soit un total du bilan annuel inférieur à 27 millions d'EUR.
- Respect du critère d'indépendance.

Dans le cas où il s'avère nécessaire de faire une distinction entre une petite et une moyenne entreprise, la loi définit la petite entreprise (PE) comme suit:

- Un effectif inférieur à 50 personnes et soit un chiffre d'affaires annuel inférieur à 7 millions d'EUR, soit un total du bilan annuel inférieur à 5 millions d'EUR.
- Respect du critère d'indépendance.

Une entreprise est considérée comme indépendante si le capital ou les droits de vote détenus par une ou plusieurs autres entreprises, ne correspondant pas à la définition des petites et moyennes entreprises ou de la petite entreprise, sont inférieurs à 25%.

Une PE aura droit à une aide maximale de 15% et une entreprise moyenne à une aide maximale de 7,5%. En pratique, l'aide effective accordée par le ministère des Classes moyennes se situe entre 7,5% et 15%, en fonction du secteur d'activité auquel l'entreprise demanderesse appartient.

Lorsque les aides sollicitées se font dans le cadre d'un premier établissement, le taux pourra être majoré de 10% sans dépasser 100.000 EUR. La nomenclature des dépenses et des entreprises éligibles ainsi que les modalités d'exécution sont fixées par le règlement grand-ducal du 19 février 2005.

Une entreprise qui se situe hors des critères définis pour les PME, en raison de sa taille ou d'un autre critère d'éligibilité, peut se voir octroyer une aide plafonnée, dit «de minimis». Il s'agit d'un maximum de 100.000 EUR sur trois ans.

La loi définit les investissements pour lesquels une aide peut être demandée:

- L'investissement dans des immobilisations corporelles ou incorporelles.
- L'appel aux services de conseillers extérieurs en matière d'études, d'assurance qualité et de management de la qualité.
- La participation à des foires et expositions.
- La protection de l'environnement et l'utilisation rationnelle des ressources naturelles.
- La réhabilitation de sites pollués.
- L'innovation, la recherche et le développement.
- La sécurité alimentaire.

## 2 Les différents régimes d'aides de l'Etat en détail

### 2.a) Aides à l'investissement dans des immobilisations corporelles et incorporelles

Les PME qui investissent dans des immobilisations corporelles et incorporelles peuvent bénéficier d'une aide étatique. L'aide maximale est de 7,5% des investissements éligibles pour les PME et de 15% pour les PE.

Immobilisations corporelles:

- Actifs fixes corporels.
- Création, extension ou modernisation d'un établissement existant.
- Changement fondamental de produit ou de la procédure de production.
- Reprise d'un établissement.

Immobilisations incorporelles:

- Transfert de technologie.
- Acquisition de droits, de brevets et de licences.
- Acquisition de savoir-faire ou de connaissances techniques non-brevetées.

## 2.b) **Aides pour les services fournis par des conseillers extérieurs**

Les PME peuvent solliciter une aide pour les services acquis auprès de conseillers extérieurs.

Le montant de l'aide accordée en rapport avec les coûts de services extérieurs éligibles ne peut dépasser 50% sans pour autant dépasser le montant de 100.000 EUR.

Pour remplir les conditions d'éligibilité, la prestation de services par des conseillers extérieurs ne doit se faire qu'occasionnellement et pour des projets ponctuels bien précis qui ne sont pas des tâches récurrentes de gestion journalière et pour lesquelles l'entreprise ne dispose ni de ressources humaines ou matérielles, ni du savoir-faire.

Dès lors, les activités régulièrement sous-traitées comme les services de conseil juridique, de comptabilité ou le conseil en matière fiscale ainsi que les services de marketing et de publicité sont exclus.

## 2.c) **Aides pour la participation à une foire ou exposition**

Les PME qui ont participé à des activités de promotion sur une foire ou une exposition peuvent solliciter une aide pour les coûts supplémentaires résultant de la location, de la mise en place et de la gestion du stand.

Le montant de l'aide ne pourra dépasser 50% des coûts éligibles, sans pour autant dépasser le montant de 100.000 EUR.

L'attribution d'une aide pour les activités de promotion est limitée à la première participation de l'entreprise bénéficiaire à une foire ou exposition.

### 2.d) Aides pour encourager et soutenir les entreprises en matière de protection de l'environnement et d'utilisation rationnelle des ressources naturelles

- Les entreprises qui ont réalisé des investissements destinés à satisfaire de nouvelles normes communautaires applicables en matière environnementale peuvent bénéficier d'une aide maximale de 15% du total des coûts éligibles, pendant une période maximale de trois années à compter de l'adoption de ces normes.
- Si ces investissements permettent de dépasser les normes communautaires applicables ou si les investissements ont été faits en l'absence de normes communautaires obligatoires, l'aide maximale est de 30% du total des coûts éligibles.

  Lorsque l'investissement a été réalisé dans une région admise à bénéficier d'aides à finalité régionale, l'aide peut être majorée de 5%.

  Lorsque le bénéficiaire de l'aide remplit les critères de PME, l'aide peut être majorée de 10%.

  Les majorations sont cumulables.
- Pour les investissements en matière d'économies d'énergie, d'énergies renouvelables ou de production combinée d'électricité et de chaleur, les entreprises peuvent solliciter une aide maximale de 40% des coûts éligibles. Cette aide peut être majorée de 10% si l'installation des énergies renouvelables permet l'approvisionnement, en autosuffisance, de toute une communauté de bénéficiaires.

  Lorsque l'investissement a été réalisé dans une région admise à bénéficier d'aides à finalité régionale, l'aide peut être majorée de 5%.

  Lorsque le bénéficiaire de l'aide remplit les critères de PME, l'aide peut être majorée de 10%.

  Les majorations sont cumulables.

## 2.e) Aides pour la réhabilitation de sites pollués

Une entreprise qui entame une réhabilitation de sites pollués peut se voir attribuer une aide de 100% des coûts éligibles, augmentée de 15% du montant des travaux. Les coûts éligibles sont égaux aux coûts des travaux diminués de l'augmentation de la valeur du terrain. Le montant total de l'aide ne pourra, en aucun cas, être supérieur aux dépenses réelles engagées.

La PME qui a recours à un conseil externe en vue de réaliser des progrès dans le domaine de la protection de l'environnement et de l'utilisation rationnelle des ressources naturelles peut bénéficier d'une aide maximale de 50% des dépenses engagées.

Est considérée comme relevant de la protection de l'environnement et de l'utilisation rationnelle des ressources naturelles toute action visant à réparer ou à prévenir une atteinte au milieu physique ou aux ressources naturelles ainsi que toute action en faveur des économies d'énergies et des énergies renouvelables.

## 2.f) Aides à l'innovation, à la recherche et au développement

→ Les entreprises qui effectuent une recherche fondamentale peuvent bénéficier d'une aide maximale de 75% des coûts d'investissements éligibles.

La recherche fondamentale est définie par l'activité qui vise à un élargissement des connaissances scientifiques et techniques non liées à des objectifs industriels et commerciaux.

Les majorations suivantes sont possibles, sans pour autant dépasser le seuil de 100% des coûts d'investissements éligibles:

- 5%, lorsque l'investissement a été réalisé dans une région admise à bénéficier d'aides à finalité régionale.
- 10%, lorsque le bénéficiaire de l'aide remplit les critères de PME.
- 10%, lorsque l'investissement ou l'opération de recherche implique une collaboration transfrontalière avec au moins un partenaire indépendant d'un autre Etat membre de l'Union européenne sans que l'opération ne s'intègre dans les objectifs du programme-cadre communautaire de recherche et de développement.
- 15%, lorsque l'investissement ou l'opération de recherche implique une collaboration transfrontalière avec au moins deux partenaires indépendants de deux autres

Etats membres de l'Union européenne et si l'opération s'inscrit dans les objectifs d'un projet ou programme du programme-cadre communautaire de recherche et de développement.

- 25%, lorsqu'en plus de remplir les conditions visées au point précédent, les résultats de l'opération de recherche ou de développement concernée sont largement diffusés.
- 25%, lorsqu'il s'agit d'une aide en faveur de la réalisation d'opérations de veille technologique ou d'une étude de faisabilité préalable à la recherche appliquée ou aux activités de développement préconcurrentielles.

→ Les entreprises qui effectuent une recherche appliquée, peuvent bénéficier d'une aide maximale de 50% des coûts d'investissements éligibles.

Par recherche appliquée est à comprendre la recherche planifiée ou les enquêtes critiques visant à acquérir de nouvelles connaissances dans la perspective de mettre au point de nouveaux produits, procédés ou services ou d'entraîner une amélioration notable des produits, procédés ou services existants.

Les majorations suivantes sont possibles, sans pour autant dépasser le seuil de 75% des coûts d'investissements éligibles:

- 5%, lorsque l'investissement a été réalisé dans une région admise à bénéficier d'aides à finalité régionale.
- 10%, lorsque le bénéficiaire de l'aide remplit les critères de PME.
- 10%, lorsque l'investissement ou l'opération de recherche implique une collaboration transfrontalière avec au moins un partenaire indépendant d'un autre Etat membre de l'Union européenne sans que l'opération ne s'intègre dans les objectifs du programme-cadre communautaire de recherche et de développement.
- 15%, lorsque l'investissement ou l'opération de recherche implique une collaboration transfrontalière avec au moins deux partenaires indépendants de deux autres Etats membres de l'Union européenne et si l'opération s'inscrit dans les objectifs d'un projet ou programme du programme-cadre communautaire de recherche et de développement.
- 25%, lorsqu'en plus de remplir les conditions visées au point précédent, les résultats de l'opération de recherche ou de développement concernée sont largement diffusés.

- 25%, lorsqu'il s'agit d'une aide en faveur de la réalisation d'opérations de veille technologique ou d'une étude de faisabilité préalable à la recherche appliquée ou aux activités de développement préconcurrentielles.

→ Les entreprises qui se lancent dans des activités de développement préconcurrentielles, peuvent bénéficier d'une aide maximale de 25% des coûts d'investissements éligibles.

L'activité de développement préconcurentielle est à la recherche d'une concrétisation des résultats de la recherche appliquée dans un plan, un schéma, ou un dessin pour les produits, procédés ou services nouveaux, modifiés ou améliorés, qu'ils soient destinés à être vendus ou utilisés, y compris la création d'un prototype qui ne pourra être utilisé commercialement.

Les majorations suivantes sont possibles, sans pour autant dépasser le seuil de 50% des coûts d'investissements éligibles:

- 5%, lorsque l'investissement a été réalisé dans une région admise à bénéficier d'aides à finalité régionale.
- 10%, lorsque le bénéficiaire de l'aide remplit les critères de PME.
- 10%, lorsque l'investissement ou l'opération de recherche implique une collaboration transfrontalière avec au moins un partenaire indépendant d'un autre Etat membre de l'Union européenne sans que l'opération ne s'intègre dans les objectifs du programme-cadre communautaire de recherche et de développement.
- 15%, lorsque l'investissement ou l'opération de recherche implique une collaboration transfrontalière avec au moins deux partenaires indépendants de deux autres Etats membres de l'Union européenne et si l'opération s'inscrit dans les objectifs d'un projet ou programme du programme-cadre communautaire de recherche et de développement.
- 25%, lorsqu'en plus de remplir les conditions visées au point précédent, les résultats de l'opération de recherche ou de développement concernée sont largement diffusés.
- 25%, lorsqu'il s'agit d'une aide en faveur de la réalisation d'opérations de veille technologique ou d'une étude de faisabilité préalable à la recherche appliquée ou aux activités de développement préconcurrentielles.

### 2.g) Aides en matière de sécurité alimentaire

Les entreprises qui investissent dans des équipements servant à la fabrication, à la transformation, au conditionnement, au stockage, à la manutention, au traçage, à la vente ou à la mise à disposition du consommateur des denrées alimentaires destinées à la consommation humaine et des aliments pour animaux, lorsqu'ils ont pour effet d'améliorer les conditions de l'hygiène, de la sécurité et de la qualité des denrées alimentaires au sein de l'entreprise, peuvent solliciter une aide étatique maximale de 40% des coûts d'investissements éligibles.

Si l'entreprise a recours à un conseil externe pour réaliser des progrès dans le domaine de l'hygiène, de la sécurité et de la qualité des denrées alimentaires, elle peut solliciter l'aide maximale de 75% des coûts d'investissements éligibles, sans pour autant dépasser le seuil de 100.000 EUR.

## 3 Procédure administrative

Les aides rentrant dans le champ d'application de la présente loi doivent être demandées dans un délai de deux ans à compter du décaissement de la dépense pour laquelle l'aide est sollicitée.

La demande est à adresser au ministère des Classes moyennes. Le formulaire de demande d'aides est disponible auprès du ministère de Classes moyennes ou sur le site Internet du ministère.

La demande d'aide est soumise à une commission spéciale, composée de délégués des ministères et organismes intéressés. La commission pourra s'entourer de tous les renseignements utiles et demander l'avis d'experts ainsi qu'entendre les demandeurs en leurs explications.

Ainsi, le demandeur doit indiquer certaines données permettant d'analyser s'il y a suffisamment de garanties pour assurer la viabilité de l'entreprise et pour vérifier le sérieux du demandeur. Le demandeur doit, entre autres, communiquer les informations suivantes:

- Coût global.
- Capitaux propres.
- Capitaux étrangers.

- S'il est locataire ou propriétaire de l'immeuble d'exploitation.
- Le montant du loyer ainsi que la durée du bail.
- Chiffre d'affaires net des trois derniers exercices.
- Résultat des trois derniers exercices.
- Le capital d'exploitation.

L'aide ne pourra être accordée une fois l'avis de la commission entendu et dans les limites des crédits budgétaires.

L'aide accordée se présentera sous forme d'une subvention en capital, d'une bonification d'intérêts ou sous forme mixte.

Pour des investissements financés par des capitaux propres, l'aide sera reçue sous forme d'une subvention en capital.

Pour des investissements financés par des capitaux étrangers (emprunts), l'aide sera reçue sous forme d'une bonification d'intérêts.

Les bénéficiaires des aides régies par la présente loi perdent les avantages qui leur ont été consentis si, avant l'expiration de la durée normale d'amortissement de biens mobiliers ou avant l'expiration d'un délai de dix ans à partir de l'octroi d'une aide pour l'acquisition de biens immobiliers, ils aliènent les investissements pour lesquels l'aide a été accordée ou s'ils ne les utilisent pas ou cessent de les utiliser aux fins des conditions prévues. Dans ce cas, les bénéficiaires doivent rembourser partiellement ou totalement les bonifications d'intérêts et les subventions en capital versées à leur profit.

Lesdits avantages ne sont pas perdus lorsque l'aliénation, l'abandon ou le changement d'affectation ou des conditions d'utilisations prévues ont été approuvés par les ministres compétents.

# 06

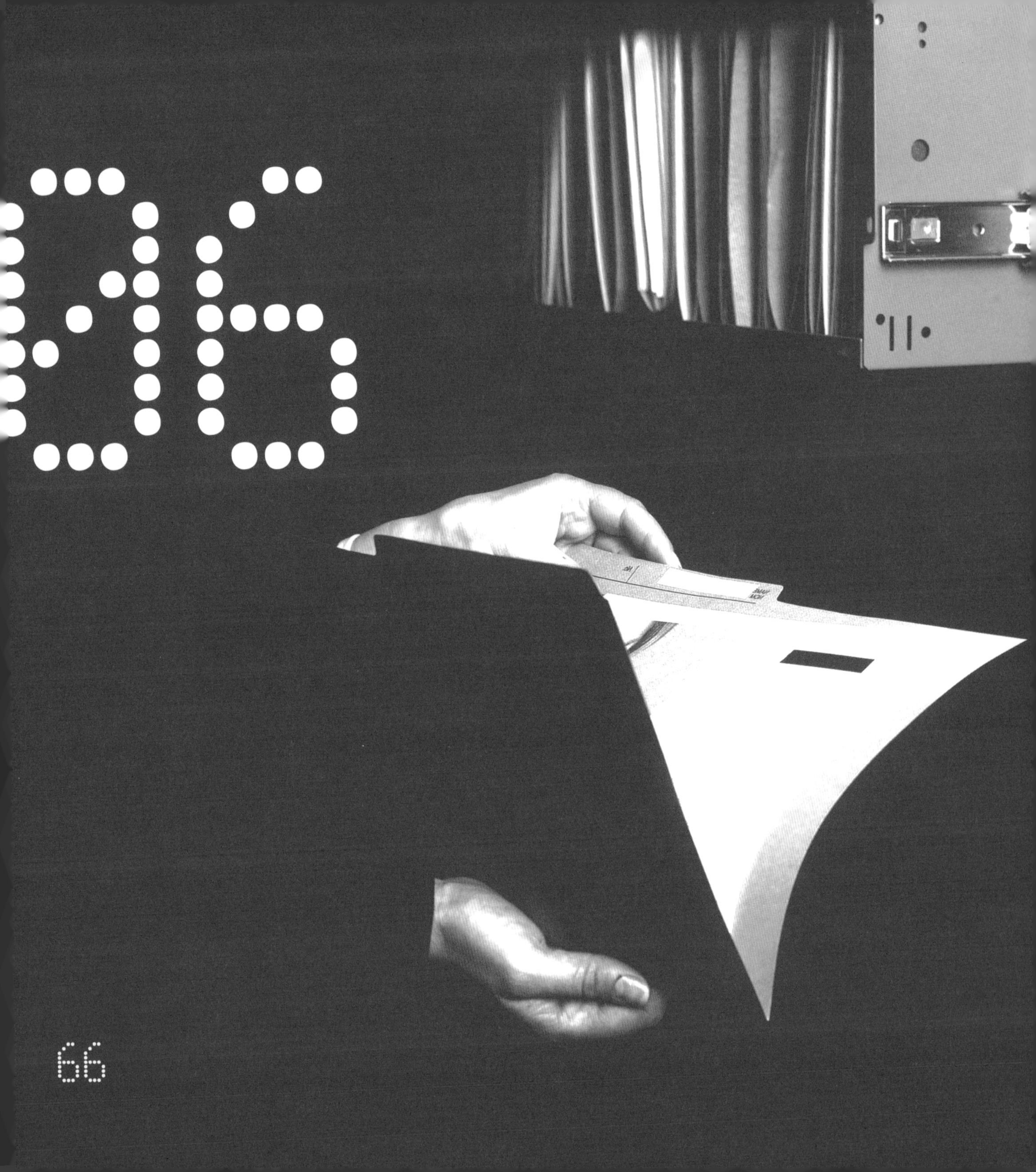

# Affiliation auprès du Centre Commun de la Sécurité Sociale

## 1 Informations générales

En matière d'affiliation auprès du Centre Commun de la Sécurité Sociale (CCSS), on distingue entre les obligations relatives à la société elle-même (ou le patron) et entre les obligations relatives au personnel de la société (ou les salariés).

Le personnel de la société se compose des salariés, c'est-à-dire, des employés ou des ouvriers au service de la société.

### 1.a) Le travailleur salarié

Un salarié est lié à la société par un contrat de travail qui le subordonne au chef d'entreprise. En contrepartie de son travail presté, le salarié reçoit un salaire lorsqu'il s'agit d'un ouvrier exerçant un travail manuel et physique et un traitement lorsqu'il s'agit d'un employé exerçant un travail principalement intellectuel.

### 1.b) Le travailleur non-salarié

A cet endroit il est judicieux d'éclaircir également la différence entre un travailleur salarié et un travailleur non-salarié (ou l'indépendant). Le travailleur non-salarié n'est pas subordonné par un contrat de travail à un chef d'entreprise. Le travailleur non-salarié est son propre patron. Travailleur et patron forment une seule et même personne.

## 2 Les obligations en matière d'affiliation

### 2.a) Déclaration initiale

Au moment de la première occupation de personnel, l'employeur doit inscrire son entreprise, dans un délai de huit jours, auprès du CCSS à travers une déclaration d'exploitation. Ceci vaut pour les employeurs personnes physiques et les employeurs personnes morales.

Cette déclaration est valable pour toute la durée de l'existence de l'entreprise. Au vu des données renseignées sur la déclaration, la classe de risque en matière d'assurance contre les accidents est déterminée.

L'inscription de l'entreprise est confirmée par un certificat d'affiliation qui indique le numéro d'immatriculation attribué à l'entreprise ainsi que la classe de risque retenue. En cas de changement dans la nature de l'entreprise, l'entrepreneur doit en informer le CCSS endéans huit jours. Le CCSS se charge d'en informer l'Association d'assurance contre les accidents.

### 2.b) Déclaration d'entrée

Pour toute personne embauchée contre rémunération, l'employeur est tenu de remettre une déclaration d'entrée au CCSS, dans un délai de huit jours. L'employeur doit fournir la matricule du travailleur ou, à défaut de celle-ci, la date de naissance du travailleur accompagnée d'une pièce officielle (copie de la carte d'identité ou du passeport, acte de naissance ou du contrat de travail dans certains cas spécifiques ...).

Le travailleur recevra une confirmation écrite comme preuve de son affiliation et pour vérification.

L'employeur aura une confirmation, servant d'accusé de réception, à travers la liste de salaires établie mensuellement d'office, sur base des déclarations d'entrée et de sortie faites par lui.

Les déclarations non signées ou incomplètes, de même que celles démunies des pièces sollicitées, seront retournées d'office.

### 2.c) **Déclaration de sortie**

Lors du départ d'un travailleur, l'employeur est tenu d'adresser une déclaration de sortie au CCSS, endéans les huit jours. Le travailleur doit indiquer comme date de sortie le dernier jour de travail ou le dernier jour payé (préavis légal compris). En cas de congé de maladie ou de maternité, l'employeur ne doit pas remettre de déclaration de sortie pour autant que la période d'absence soit indemnisée par une caisse de maladie.

Le travailleur recevra une confirmation écrite comme preuve de sa désaffiliation et pour vérification.

L'employeur aura une confirmation, servant d'accusé de réception, à travers la liste de salaires établie mensuellement d'office, sur base des déclarations d'entrée et de sortie faites par lui.

### 2.d) **Changement au cours de l'occupation**

Tout changement au cours de l'occupation et qui a un impact sur les données initialement inscrites, doit être signalé au CCSS (changement de l'activité professionnelle, des heures de travail par semaine...).

Lorsque pour un travailleur il a été procédé à un changement de régime, l'employeur doit adresser une déclaration de sortie et une nouvelle déclaration d'entrée (un ouvrier qui devient employé).

## 3 Les charges sociales

### 3.a) **Généralités**

Tout salarié doit obligatoirement cotiser aux assurances sociales pour bénéficier d'une protection sociale en cas de maladie, de chômage, d'accident du travail, de dépendance et en vue de la retraite.

Il incombe à l'employeur de pratiquer une retenue à la source de ces cotisations sociales et de les verser, ensemble avec les parts patronales, au CCSS. Les cotisations sociales sont déduites du salaire brut et ne sont pas imposables, à l'exception de la contribution dépendance.

La contribution dépendance n'est pas déductible du salaire brut pour calculer la rémunération imposable. La contribution dépendance est calculée sur le salaire brut à l'exception d'un abattement d'un quart du salaire social minimum (est pris comme référence le salaire social minimum d'un ouvrier non qualifié âgé de dix-huit ans au moins).

Le montant maximal servant de base au calcul des cotisations sociales est limité à cinq fois le salaire minimum.

Les cotisations sociales sont à charge soit du salarié et de l'employeur à parts égales, soit à charge du salarié exclusivement, soit à charge de l'employeur exclusivement.

### 3.b) Cotisations sociales à charge du salarié et de l'employeur

- Assurance maladie (à parts égales).
- Assurance pension (à parts égales).

### 3.c) Cotisations sociales à charge du salarié

- Assurance dépendance.

### 3.d) Cotisations sociales à charge de l'employeur

- Santé au travail.
- Assurance accidents.
- Prestations familiales (à charge de l'Etat pour le secteur privé).

## 3.e) **Calcul des cotisations à charge du salarié**

Les cotisations à charge du salarié sont calculées sur base d'un taux de pourcentage en fonction du salaire brut, tout en respectant le salaire minimum cotisable et le salaire maximum cotisable.

Le salarié est redevable des cotisations suivantes:

- Assurance maladie.
- Assurance pension.
- Assurance dépendance.

Pour fixer l'assiette cotisable en matière d'assurance dépendance, un abattement égal à un quart du salaire social minimum d'un ouvrier non qualifié, âgé de dix-huit ans au moins, est à prendre en considération.

## 3.f) **Calcul des cotisations à charge du patron**

Le patron est redevable des cotisations suivantes:

- Assurance maladie.
- Assurance pension.
- Santé au travail.
- Assurance accidents.
- Prestations familiales (à charge de l'Etat pour le secteur privé).

Les cotisations à charge du patron sont également calculées sur base d'un taux de pourcentage en fonction du salaire brut, tout en respectant le salaire minimum cotisable et le salaire maximum cotisable.

## 3.g) **L'extrait de compte**

Chaque mois, sur base des salaires déclarés au CCSS, l'employeur reçoit un extrait de compte qui vaut facture. Le solde est payable endéans les dix jours, sinon, le CCSS procède au calcul d'intérêts moratoires.

## 4 L'indemnité pécuniaire de maladie

### 4.a) Généralités

Si en cas de maladie, d'accident professionnel ou de maternité, le salarié se trouve dans l'incapacité de travailler, l'assurance maladie-maternité compense le salaire non gagné à travers le versement d'indemnités en espèces.

L'indemnité pécuniaire de maladie est calculée par référence au salaire brut que le salarié aurait gagné en travaillant.

La durée maximale d'indemnité pécuniaire de maladie est limitée à 52 semaines au cours d'une période de référence de 104 semaines, quelle que soit l'origine de la maladie.

Pour pouvoir continuer à bénéficier du droit à un congé de maladie entièrement couvert par l'assurance maladie au-delà de la cessation du contrat de travail, il faut que le travailleur ait été affilié pendant au moins six mois précédant la date de sa désaffiliation.

Les modalités de perception de l'indemnité pécuniaire de maladie sont différentes selon que le salarié fait partie du régime des employés ou des ouvriers.

### 4.b) Le régime employé

Sous le régime employé, l'employeur est tenu de continuer à verser à l'employé sa rémunération pour le mois pendant lequel l'employé est tombé malade et pour les trois mois suivants, pour autant que l'incapacité de travail perdure.

Au-delà de ce délai, si l'incapacité de travail persiste, l'indemnisation de l'employé est prise en charge par la caisse de maladie jusqu'à la fin des 52 semaines qui suivent le premier jour d'incapacité de travail.

Si l'indemnité pécuniaire de maladie est inférieure au traitement normalement touché par le salarié, l'employeur est dans l'obligation de compenser la différence entre l'indemnité pécuniaire de maladie et le traitement jusqu'à la fin des 52 semaines qui suivent le premier jour d'incapacité de travail.

### 4.c) Le régime ouvrier

Sous le régime ouvrier, la caisse de maladie prend à sa charge l'indemnité pécuniaire de maladie dès le premier jour d'incapacité de travail.

Pendant le mois durant lequel l'incapacité de travail est survenue et pendant les trois mois suivants, le patron doit cependant avancer l'indemnité nette relative aux jours d'absence. Par après, le patron doit solliciter le remboursement auprès de la Caisse de Maladie des Ouvriers à travers une demande de remboursement.

## 5 Le statut du travailleur non-salarié (l'indépendant)

Est affilié au Centre Commun de la Sécurité Sociale comme travailleur indépendant, toute personne exerçant une activité professionnelle au Luxembourg pour son propre compte (en nom personnel) ressortissant de la Chambre des Métiers, de la Chambre de Commerce, de la Chambre d'Agriculture ou ayant une activité à caractère principalement intellectuel.

Par le paragraphe précédent sont visées les personnes sur lesquelles repose l'autorisation d'établissement délivrée par le ministère des Classes moyennes et donnant accès à la profession d'artisan, de commerçant, d'industriel ainsi qu'à certaines professions libérales *(Voir chapitre 04)*.

Ceci est le cas, d'une part, pour les associés d'une société en nom collectif, d'une société en commandite simple ou d'une société à responsabilité limitée ayant un objet artisanal, commercial, agricole ou principalement intellectuel et qui détiennent plus de 25% des parts sociales.

D'autre part, ce sont les administrateurs, commandités ou mandataires de sociétés anonymes, de sociétés en commandite par actions ou de sociétés coopératives ayant un objet artisanal, commercial, agricole ou principalement intellectuel.

De même que les travailleurs salariés, les travailleurs indépendants doivent s'affilier auprès du CCSS. L'assurance maladie des indépendants est gérée conjointement par l'Union des Caisses de Maladie et la Caisse de Maladie des Professions Indépendantes.

Contrairement aux travailleurs salariés, les travailleurs indépendants doivent s'acquitter personnellement de toutes les cotisations sociales (parts patronales et parts salariales).

Le travailleur indépendant qui remplit les prescriptions légales prévues, a droit aux mêmes indemnités en matière d'indemnité pécuniaire de maternité et au congé parental, que les travailleurs salariés.

Le travailleur indépendant a également droit à une pension de vieillesse ou une pension d'invalidité. La pension de vieillesse est accordée à partir de 65 ans, à condition que le travailleur indépendant justifie une affiliation de 120 mois au moins. La pension d'invalidité n'est accordée que si le travailleur indépendant est obligé de cesser son activité avant l'âge de 65 ans pour des raisons de santé et qu'il a été affilié pendant au moins 12 mois pendant les trois années précédant la date du début d'invalidité.

Le travailleur indépendant a également droit au chômage s'il a dû cesser son activité pour des raisons économiques et financières ou par le fait d'un tiers. Le chômage est accordé sous condition que le travailleur indépendant soit domicilié au Luxembourg au moment de la cessation de son activité, qu'il s'inscrive comme demandeur d'emploi et qu'il justifie de cinq années au moins d'assurance obligatoire à la caisse de pension et qu'il ait été indépendant pendant au moins six mois avant le dépôt de la demande d'indemnisation.

## 6 Aides en cas d'embauche de chômeurs

En cas d'embauche de chômeurs, l'employeur a la possibilité de récupérer les cotisations sociales, part employeur et part assuré.

Pour que l'employeur puisse bénéficier de cette aide, les chômeurs doivent justifier d'un certain âge et d'une certaine durée d'inscription auprès de l'Administration de l'Emploi (ADEM). Ainsi, la durée de remboursement des cotisations sociales varie en fonction des paramètres suivants:

| Age du chômeur | Durée d'inscription à l'ADEM | Durée de remboursement |
|---|---|---|
| 30 à 39 ans | 12 mois | 2 ans |
| 40 à 44 ans | 3 mois (*) | 3 ans |
| 45 ans et plus | 1 mois (*) | jusqu'à la retraite |

*(*) Les salariés qui sont affectés par un plan social et qui ont atteint l'âge de 40 ans ne doivent justifier d'aucune inscription à l'ADEM pour bénéficier de cette aide.*

Pour que l'employeur puisse bénéficier du remboursement des cotisations sociales par le Fonds pour l'Emploi, il faut que le contrat conclu avec le chômeur tienne compte des conditions suivantes:

- Le contrat doit être conclu pour une durée minimale de 18 mois. Il peut s'agir d'un contrat à durée déterminée ou à durée indéterminée.
- La durée minimale du travail hebdomadaire doit être de 16 heures.

L'employeur doit introduire sa demande auprès de l'Administration de l'Emploi, endéans six mois à partir de la date d'embauche. Le formulaire pour cette demande est disponible sur le site Internet de l'Administration.

Quand la prise en charge des cotisations sociales est accordée à l'employeur, celui-ci doit faire une déclaration trimestrielle à l'ADEM, avec pièces à l'appui. Le formulaire pour cette déclaration est disponible sur le site Internet de l'Administration.

# 7 Paramètres sociaux

## 7.a) Le salaire social minimum

Le salaire social minimum est applicable à tous les salariés occupés par un employeur dans le cadre d'un contrat de travail. Il est identique à toutes les professions et à toutes les entreprises indépendamment du sexe.

Le salaire social minimum est déterminé en fonction de l'âge et de la qualification.

Au 1er janvier 2007, le salaire social minimum se présente comme suit (234,91 indice 100):

| | | | Base 100 | Indice 668,46 |
|---|---|---|---|---|
| | % | salaire horaire EUR | salaire mensuel EUR | |
| 18 ans et plus non qualifié | 100% | 9,0768 | 234,9100 | 1.570,28 |
| 17 – 18 ans | 80% | 7,2614 | 187,9280 | 1.256,22 |
| 15 – 17 ans | 75% | 6,8076 | 176,1825 | 1.177,71 |
| 18 ans et plus qualifié | 120% | 10,8921 | 281,8920 | 1.884,34 |

## 7.b) **Les taux des cotisations**

Les cotisations sociales sont calculées sur le salaire brut du salarié et en sont déduites pour le calcul du revenu imposable, à l'exception de l'assurance dépendance.

Au 1er janvier 2007, les cotisations sociales se présentent comme suit:

| **Branche** | **Part assuré** | | **Part employeur** | |
|---|---|---|---|---|
| | **Ouvrier** | **Employé** | **Ouvrier** | **Employé** |
| Assurance maladie | 5,05% | 2,80% | 5,05% | 2,80% |
| Assurance pension | 8,00% | 8,00% | 8,00% | 8,00% |
| Assurance dépendance (*) | 1,40% | 1,40% | - | - |
| Prestations familiales (**) | - | - | 1,70% | 1,70% |
| Santé au travail (***) | - | - | 0,11% | 0,11% |
| Assurance accident | - | - | (****) | (****) |

*(*) Un abattement correspondant à un quart du salaire social minimum est à prendre en considération pour fixer l'assiette cotisable en matière d'assurance dépendance (EUR 392,57, proratisation en nombre d'heures déclarées).*

*(**) Les prestations familiales sont à charge de l'Etat pour le secteur privé.*

*(***) Pour les employeurs privés ayant recours au Service de Santé au Travail Multisectoriel.*

Les allocations et indemnités purement occasionnelles ainsi que les gratifications sont cotisables en matière d'assurance maladie au taux de 5,40%, ce qui est le taux prévu pour le financement des soins de santé (part assuré: 2,70%, part employeur: 2,70%).

*(****) Les différents taux d'assurance accidents:*

| *Assurance – Accident Industriel* | |
|---|---|
| **Classe de risque** | **Taux** |
| *Commerce, alimentation et autres activités non classées ailleurs* | *1,40%* |
| *Assurances, banques, bureaux d'études et établissements à activités analogues* | *0,54%* |
| *Chimie, textile, papier (fabrication d'objets en caoutchouc, en matières synthétiques, de textiles)* | *1,48%* |

| | |
|---|---|
| *Travail des métaux et du bois (fabrication, traitement etc. d'objets en métal, fabriques de machines, réparation et entretien de véhicules et machines, scieries et fabriques d'objets en bois)* | *2,27%* |
| *Sidérurgie* | *1,57%* |
| *Bâtiment, gros œuvres, travail des minéraux (construction, carrières, sablières)* | *4,42%* |
| *Travaux de toiture et travaux sur toit* | *6,00%* |
| *Aménagement et parachèvement (façades, isolations, plâtreries, peinture et vitrerie, revêtements de sols, menuiseries pour bâtiments)* | *3,38%* |
| *Equipements techniques du bâtiment (travaux d'installations électriques, de gaz et eau, installations d'équipements thermiques et de climatisation d'antennes, de communication)* | *2,75%* |
| *Travailleurs intellectuels indépendants* | *0,57%* |
| *Etat (y compris bénéficiaires d'allocations de chômage)* | *0,85%* |
| *Communes* | *1,76%* |
| *Transport terrestre, fluvial et maritime* | *1,95%* |
| *Aviation* | *1,42%* |
| *Production et distribution d'énergie* | *1,30%* |
| *Entreprises de radio- et télédiffusion, théâtres et cinémas, carrousels etc.* | *0,52%* |
| *Ateliers de précision (horlogeries, bijouteries, photographes, laboratoires dentaires, rémouleurs etc.)* | *1,30%* |
| *Fabrication faïences et verre* | *1,47%* |
| *Fabrication par voie humide d'objets en ciment* | *4,10%* |
| *Fabrication de ciment, chaux, gypse, dolomie* | *1,00%* |
| *Travail intérimaire* | *4,92%* |

## 7.c) **Minima et maxima cotisables**

Le salaire social minimum cotisable est de 234,91 EUR à l'indice 100.

Ainsi, le minimum cotisable par mois est de:
234,91 x 668,46 / 100 = 1.570,28 EUR

Le maximum cotisable par mois est de:
(234,91 x 668,46 / 100) x 5 = 7.815,40 EUR *(minimum cotisable mensuel x 5)*

Le maximum cotisable par an est de:
(234,91 x 668,46 / 100) x 12 x 5 = 94.216,80 EUR *(minimum cotisable mensuel x 12 x 5)*

# Le droit du travail

## 1 Informations générales

Le droit du travail est régi par la loi modifiée du 24 mai 1989.

Le droit du travail est applicable à toute la durée de la relation de travail entre l'employeur et le travailleur salarié.

La relation de travail entre l'employeur et le travailleur est régie par un contrat de travail. Ce contrat définit qu'un travailleur met son activité à disposition de l'employeur en contrepartie du paiement d'une rémunération. Le contrat de travail est également un élément probant pour démontrer qu'un lien de subordination existe entre l'employeur et le travailleur. Le contrat de travail concerne surtout:

- les ouvriers (fournissant essentiellement un travail physique et manuel).
- les employés (fournissant essentiellement un travail intellectuel).

Avec la conclusion du contrat de travail, le travailleur accepte l'offre de travail qui lui a été soumise par l'employeur. La signature d'un contrat de travail est impérative. Une personne qui travaille pour un employeur contre le paiement d'une rémunération sans être déclarée et affiliée aux organismes sociaux, exerce un travail clandestin.

Si le contrat de travail est généralement applicable aux ouvriers ainsi qu'aux employés, il n'est pas d'application pour d'autres catégories de personnes comme:

- les indépendants,
- les professions libérales,
- certaines personnes du secteur public,
- les membres d'un organe d'une société (mandataires),
- les associés,
- les bénévoles.

07

## 2 Le contrat de travail

### 2.a) Généralités

Le contrat de travail doit être rédigé par l'employeur au plus tard à la date d'entrée en service du travailleur.

Cependant, l'employeur peut conclure le contrat de travail à une date anticipée tout en mentionnant dans le contrat la date d'entrée en service réelle.

Le contrat de travail doit se faire de manière écrite, en double exemplaire (mention à apporter impérativement sur le contrat de travail), et être signé par l'employeur et le travailleur. Chaque partie conservera un original.

Lorsque l'employeur est une personne morale, le contrat de travail doit être signé de son côté par une personne dûment habilitée à le représenter.

En principe, le contrat de travail est stipulé pour une durée indéterminée et sans période d'essai, pour autant que ce ne soit spécifié autrement dans le contrat de travail et que l'acceptation de ces clauses ne soit faite par la signature du contrat de travail par l'employeur et le travailleur.

### 2.b) Le contenu du contrat de travail

La loi prévoit l'indication d'un certain nombre d'informations dans le contrat de travail:

- L'identité des parties.
- La date de début du travail.
- La durée du contrat.
- Le nombre d'heures prévues par mois ou par semaine.
- L'horaire normal de travail.
- Le lieu de travail.
- La nature de l'emploi.
- La rémunération de base brute.
- La périodicité de paiement des rémunérations.
- Le congé payé.
- Les préavis à observer par l'employeur et le travailleur.
- La mention d'éventuelles conventions collectives.

De manière générale, le contrat de travail ne peut pas contenir des stipulations contraires au droit du travail. De même, il ne peut pas être plus restrictif à ce qu'il a été prévu par le droit du travail. Pour tout ce qui n'a pas été explicitement réglé par le contrat de travail, c'est le droit du travail qui est applicable en cas de divergences entre les parties.

S'il s'agit d'un contrat de travail à durée déterminée, les mentions suivantes doivent être indiquées en plus:

- La date à laquelle le contrat vient à échéance.
- Le motif pour avoir recours au caractère déterminé du contrat.
- Les clauses de renouvellement éventuelles.

## 3 Le contrat de travail à durée indéterminée

En principe, tout contrat de travail est stipulé pour une période indéterminée, à moins qu'il n'y ait une mention explicite qui précise qu'il s'agit d'un contrat à durée déterminée.

En plus des informations généralement contenues dans le contrat de travail *(voir chapitre* 07 - 2.b)), les employeurs ajoutent encore fréquemment les clauses suivantes (liste non exhaustive):

- Une période d'essai qui ne peut être ni inférieure à deux semaines ni dépasser, en principe, six mois. La durée de la période d'essai est réglementée par la qualification et le salaire mensuel brut du travailleur.
- Une clause de non-concurrence qui vaut pour la période qui suit la fin du contrat de travail. Pour que la clause de non-concurrence soit applicable, elle doit avoir été acceptée par écrit par les deux parties. De plus, elle ne peut porter que sur une activité indépendante et ne concerne que les travailleurs ayant gagné, au moment du départ, un salaire annuel brut d'au moins 45.569,38 EUR (indice 668,46). La clause de non-concurrence ne peut dépasser 12 mois et doit être limitée à un secteur professionnel déterminé et à une zone géographique limitée.
- Une clause de discrétion qui oblige le travailleur à garder le secret sur les informations qu'il a eues, au cours de sa période d'emploi, sur les clients de l'employeur, le personnel de l'employeur ou les procédés de fabrication utilisés par l'employeur.
- Une clause de remboursement des frais de formations engagées par l'employeur au profit du travailleur à condition que la résiliation du contrat de travail se soit faite à l'initiative du travailleur.

- Une clause de mobilité géographique garantissant à l'employeur de pouvoir changer le lieu de travail du travailleur.
- Une clause de mobilité horaire permettant à l'employeur de pouvoir adapter les heures de travail en fonction de la charge de travail.

## 4 Le contrat de travail à durée déterminée

Un contrat de travail ne peut être stipulé pour une durée déterminée que dans certains cas spécifiques prévus par la loi:

- pour l'exécution d'une tâche précise,
- pour le remplacement temporaire d'un travailleur absent,
- pour des activités saisonnières,
- pour faire occasionnellement face à une augmentation des activités.

Le contrat de travail à durée déterminée doit être considéré comme une exception en matière de droit du travail, celui-ci exigeant que chaque contrat de travail soit normalement stipulé pour une durée indéterminée.

Par ce qui précède, le législateur veut éviter qu'un employeur ait recours à de multiples contrats de travail à durée déterminée, afin de pourvoir durablement à un poste libre, évitant ainsi les contraintes de résiliations imposées par la loi aux contrats à durée indéterminée.

La durée totale d'un contrat à durée déterminée ne peut dépasser 24 mois et ne peut être renouvelée endéans cette période que deux fois, à l'exception des contrats saisonniers qui ne peuvent excéder dix mois sur une période de 12 mois.

La loi interdit à l'employeur de conclure pour un même poste plusieurs contrats successifs à durée déterminée. L'employeur devra ainsi atteindre la période de 1/3 de la durée du contrat à durée déterminée précédent avant de pouvoir établir un nouveau contrat à durée déterminée pour le même poste.

La relation de travail définie par un contrat de travail à durée déterminée prend fin à la date de fin mentionnée dans le contrat. Si, néanmoins, la relation de travail continue au-delà de cette date, le contrat est considéré comme un contrat à durée indéterminée.

De même que pour le contrat de travail à durée indéterminée, il est loisible à l'employeur d'insérer une période d'essai au contrat à durée déterminée. Lorsque, suite à l'expiration d'un contrat de travail à durée déterminée, la relation de travail est maintenue moyennant un contrat à durée indéterminée, celui-ci ne peut plus contenir de période d'essai, même si le contrat initial à durée déterminée n'en contenait pas.

## 5 La résiliation du contrat de travail

Tout contrat de travail peut être résilié soit à l'initiative de l'employeur, soit à l'initiative du travailleur.

La résiliation du contrat de travail doit se faire par lettre recommandée avec accusé de réception.

Une distinction est à faire si la résiliation se fait pendant la période d'essai ou après sa fin.

Si la réception de la lettre se fait avant le 15e jour du mois courant, le délai de préavis commence le 15e jour du mois courant. Si la réception se fait après le 15e jour du mois courant, le délai de préavis commence le 1er jour du mois suivant.

Un cas spécifique concerne la résiliation pour faute grave.

### 5.a) La résiliation par l'employeur

Lorsque l'employeur met unilatéralement fin au contrat de travail, on parle de licenciement. Le licenciement ne peut se faire que pour des motifs réels et sérieux.

Selon la loi, deux types de motifs peuvent être invoqués:

- Les motifs personnels qui sont liés à la conduite et au comportement du salarié.
- Les motifs économiques qui sont liés à l'évolution économique de l'entreprise.

Un licenciement pour un des motifs évoqués ci-dessus ne met pas fin immédiatement au contrat de travail, mais l'employeur est tenu de respecter un délai de préavis.

| **Ancienneté** | **Délai** |
|---|---|
| $< 5$ ans | 2 mois |
| $> 5$ ans et $< 10$ ans | 4 mois |
| $> 10$ ans | 6 mois |

Pendant la période d'essai, l'employeur peut mettre fin au contrat de travail sans être dans l'obligation de fournir des motifs, à l'exception des deux premières semaines de la période d'essai où l'employeur ne peut résilier le contrat de travail que pour motif grave.

En fonction de la période d'essai convenue dans le contrat de travail, les délais de préavis à respecter sont les suivants:

| **Période d'essai** | **Délai** |
|---|---|
| 2 semaines | 2 jours |
| 3 semaines | 3 jours |
| 4 semaines | 4 jours |
| 2 mois | 15 jours |
| 3 mois | 15 jours |
| 4 mois | 16 jours |
| 5 mois | 20 jours |
| 6 mois | 24 jours |

L'employeur doit cependant faire attention au fait que l'intégralité du délai de préavis se situe endéans la période d'essai. Si le délai de préavis dépasse la période d'essai, l'employeur doit procéder à un licenciement avec les délais de préavis ordinaires.

## 5.b) **La résiliation par le travailleur**

Lorsque le travailleur met unilatéralement fin au contrat de travail, on parle de démission.

Contrairement à l'employeur, le travailleur n'est pas tenu de justifier les motifs de sa démission. Il lui incombe cependant de respecter le délai de préavis qui est de la moitié de celui que l'employeur doit respecter.

| **Ancienneté** | **Délai** |
|---|---|
| < 5 ans | 1 mois |
| > 5 ans et < 10 ans | 2 mois |
| > 10 ans | 3 mois |

Le travailleur, tout comme l'employeur, peut résilier le contrat de travail pendant la période d'essai. Les délais de préavis à respecter sont les mêmes que pour l'employeur.

## 5.c) La résiliation pour motif grave

L'employeur, de même que le travailleur, peut résilier le contrat de travail avec effet immédiat pour motif grave.

Les motifs graves autorisant l'employeur à procéder à un licenciement immédiat sont:

- Absence non justifiée.
- Défaut de permis de travail.
- Refus d'obéir aux ordres du patron.
- Concurrence déloyale.
- Vol.
- Sabotage.
- Manque de respect et de politesse envers les clients.
- Non-respect du congé de maladie.

Les motifs graves que le travailleur peut reprocher à l'employeur sont:

- L'employeur refuse de signer un contrat de travail écrit.
- L'employeur ne procède pas à l'affiliation du travailleur auprès du CCSS.
- Harcèlement sexuel ou moral.
- Retards quant aux paiements des rémunérations.

Contrairement à la résiliation du contrat de travail avec préavis légal, la résiliation du contrat de travail pour motif grave prend effet immédiatement au moment de la notification.

## 5.d) Autres formes de fin de contrat

En plus des modalités de résiliation décrites ci-dessus, le contrat de travail peut également être résilié d'un commun accord entre l'employeur et le travailleur.

Le contrat de travail prend aussi fin lorsque le travailleur n'est plus couvert par l'indemnité pécuniaire de maladie. Si sur une période de référence de 104 semaines, le travailleur a accumulé des arrêts de travail pendant 52 semaines, le contrat de travail prend automatiquement fin, indépendamment du motif de la maladie.

De même, en cas de décès du travailleur, de l'employeur (personne physique), de mise en faillite de l'employeur ou encore lorsque le travailleur a atteint l'âge de 65 ans ou se voit attribuer une pension de vieillesse ou d'invalidité, le contrat de travail prend automatiquement fin.

## 6 Les congés

### 6.a) Le congé de récréation

Chaque travailleur qui occupe une tâche entière (40 heures par semaine), a droit à 25 jours de congé payés par an. A ce nombre s'ajoutent les jours fériés légaux tombant un jour où le travailleur ne travaille pas (un dimanche par exemple).

Un travailleur ayant commencé son travail dans la courant de l'année a seulement droit à un douzième du congé total par mois travaillé. Il est cependant loisible à l'employeur de refuser d'accorder le congé pendant les trois premiers mois qui suivent le début de la date de début du travail.

### 6.b) Le congé exceptionnel

Le congé exceptionnel est celui en raison de maladie, de maternité, de congé parental ou de congé pour raisons familiales.

## 6.c) Les jours fériés légaux

| | |
|---|---|
| Nouvel An | 1er janvier |
| Lundi de Pâques | le lundi qui suit le dimanche de Pâques |
| Fête du travail | 1er mai |
| Ascension | 40e jour après Pâques |
| Lundi de Pentecôte | 51e jour après Pâques |
| Fête nationale | 23 juin |
| Assomption | 15 août |
| Toussaint | 1er novembre |
| Premier jour de Noël | 25 décembre |
| Deuxième jour de Noël | 26 décembre |

## 6.d) Le congé pour convenance personnelle

| | |
|---|---|
| Accouchement de l'épouse | 2 jours |
| Accueil d'un enfant de moins de 16 ans en vue de son adoption | 2 jours |
| Décès du conjoint | 3 jours |
| Décès d'un parent ou d'un allié du premier degré | 3 jours |
| Décès d'un parent ou d'un allié du second degré | 1 jour |
| Déménagement | 2 jours |
| Mariage du salarié | 6 jours |
| Mariage d'un enfant | 2 jours |

08

# Règles à respecter en matière de gestion comptable, fiscale et administrative

## 1 La tenue de comptabilité

### 1.a) Considérations générales

Il est essentiel pour un dirigeant d'entreprise de s'interroger sur les objectifs poursuivis par la tenue d'une comptabilité. Pour ce faire, il est important d'examiner la source du besoin relatif au traitement quantitatif des informations et faits économiques qui se produisent dans une entreprise.

D'une manière très simpliste, toute entreprise constitue une activité dont un des objectifs les plus importants est de réaliser des résultats positifs et de les maximiser. En effet, on peut fixer à une entreprise n'importe quel objectif, si elle ne réalise pas de profit, elle échouera avant de l'atteindre.

Historiquement, la comptabilité est née du besoin des commerçants de connaître l'état de leurs affaires en analysant leur situation patrimoniale et financière. Au fil du temps, cette analyse systématique des chiffres leur a permis de connaître les sources de leur succès ou encore de leur échec. Aujourd'hui, la comptabilité est devenue un outil indispensable à l'analyse du passé et à la planification de l'avenir.

De plus, la tenue d'une comptabilité dispose d'une base légale qui impose aux entreprises de donner satisfaction à diverses obligations qui résultent du code de commerce, de la loi sur les sociétés commerciales ou encore des règles fiscales.

Bref, la tenue d'une comptabilité répond essentiellement à deux préoccupations:

1. rendre compte des performances de l'entreprise aux associés/actionnaires ainsi qu'à d'autres personnes intéressées,
2. faciliter la gestion et le contrôle de la société par une analyse continue des résultats de celle-ci.

### 1.b) Distinction entre comptabilité générale et comptabilité analytique

Cette manière de définir les objectifs de la comptabilité permet de faire la distinction entre la «comptabilité générale» et la «comptabilité analytique».

Les caractéristiques de la comptabilité générale se résument comme suit:

1. S'intéresser à l'entreprise dans son ensemble.
2. Obéir à des règles qui sont en général précises.
3. Collecter, enregistrer, traiter, contrôler, sauvegarder et archiver les informations comptables.
4. Fournir des états financiers suivant une périodicité qui est en principe annuelle.
5. Etablir les déclarations sociales (pour le CCSS) et fiscales (pour les autorités fiscales).

Si la comptabilité générale répond au besoin des dirigeants de connaître la situation patrimoniale et financière de la société, elle répond également à un besoin de communication envers d'autres acteurs, comme par exemple:

1. les associés/actionnaires pour évaluer le rendement de leur investissement,
2. les clients/fournisseurs pour vérifier la viabilité de l'entreprise avant d'engager des relations d'affaires,
3. les banques, pour évaluer la solvabilité de l'entreprise,
4. l'Administration des Contributions Directes et l'Administration de l'Enregistrement et des Domaines pour évaluer l'exactitude et la complétude des déclarations fiscales,
5. le Centre Commun de la Sécurité Sociale pour évaluer l'exactitude et la complétude des déclarations sociales,
6. les pouvoirs publics pour dégager certaines tendances macroéconomiques de nature à définir leur politique économique,
7. le public en général, par le dépôt des comptes annuels auprès du Registre de Commerce et des Sociétés.

A l'inverse, la comptabilité analytique est essentiellement destinée à une utilisation interne et répond au besoin initial de déterminer les coûts liés à la production d'un bien. Plus particulièrement, la comptabilité de gestion se caractérise comme suit:

1. Elle n'obéit qu'aux règles que l'entreprise se donne elle-même et ces règles sont en principe distinctes d'une entreprise à l'autre.
2. Elle s'intéresse aussi bien à l'entreprise dans son ensemble qu'aux différents services/départements qui la composent.

3. L'information fournie doit permettre de gérer l'activité et de prendre des décisions.
4. La périodicité des rapports d'information peut donc être journalière, hebdomadaire, mensuelle, trimestrielle ou encore semestrielle selon les besoins.

En conclusion, la comptabilité d'une entreprise constitue un tout et la distinction entre la comptabilité générale et la comptabilité analytique porte sur la manière dont les informations comptables sont traitées et présentées.

En principe, le système informatique qui traite la comptabilité générale et analytique est unique. Signalons quand même que la tenue d'une comptabilité analytique n'est pas une obligation légale mais un choix de la part des dirigeants d'entreprise. Aujourd'hui, nombreuses sont les PME qui n'utilisent pas les modules de comptabilité analytique dans leurs logiciels comptables.

### 1.c) Les sources légales relatives à la tenue d'une comptabilité

Les principales sources légales relatives à la tenue d'une comptabilité sont imbriquées dans le Code de Commerce et dans la loi du 10 août 1915 concernant les sociétés commerciales (telle qu'elle a été modifiée).

*Code de Commerce Art. 9:* «Toute entreprise doit tenir une comptabilité appropriée à la nature et à l'étendue de ses activités en se conformant aux dispositions légales particulières qui les concernent.»

*Code de Commerce Art. 10:* «La comptabilité des personnes morales doit couvrir l'ensemble de leurs opérations, de leurs avoirs et droits de toute nature, de leurs dettes, obligations et engagements de toute nature. La comptabilité des commerçants, personnes physiques, doit couvrir ces mêmes éléments lorsque ceux-ci relèvent de leur activité commerciale, elle mentionne de manière distincte les moyens propres affectés à cette activité commerciale.»

*Code de Commerce Art. 11:* «Toute comptabilité est tenue selon un système de livres et de comptes conformément aux règles usuelles de la comptabilité en partie double. Toutes les opérations sont inscrites sans retard, de manière fidèle et par ordre de dates, soit dans un livre journal unique, soit dans un système de journaux spécialisés.»

*Code de Commerce Art. 15:* «Toute entreprise doit, en outre, établir une fois l'an, un inventaire complet de ses avoirs et droits de toute nature et de ses dettes, obligations et engagements de toute nature. Les comptes sont, après mise en concordance avec les données de l'inventaire, synthétisés dans un état descriptif constituant les comptes annuels.»

Pour les formes juridiques de société les plus répandues au Luxembourg, la loi modifiée du 10 août 1915 concernant les sociétés commerciales prévoit les dispositions suivantes:

*Article 72 (Société anonyme):* «Chaque année, l'administration doit dresser un inventaire contenant l'indication des valeurs mobilières et immobilières et de toutes les dettes actives et passives de la société, avec une annexe contenant, en résumé, tous les engagements, ainsi que les dettes des directeurs, administrateurs et commissaires de la société. L'administration établit un bilan et le compte de profits et pertes, dans lesquels les amortissements nécessaires doivent être faits. Le bilan mentionne séparément l'actif immobilisé, l'actif réalisable et, au passif, les dettes de la société envers elle-même, les obligations, les dettes avec hypothèques ou gages et les dettes sans garanties réelles.»

Une disposition identique est adressée à l'égard du gérant d'une société à responsabilité limitée dans l'article 197 de la même loi.

## 2 Les dispositions générales de la législation sur les comptes annuels

L'objectif de la comptabilité générale est de pouvoir établir un bilan et un compte de profits et pertes à la fin de l'exercice social. Ensemble avec une annexe, le bilan et le compte de profits et pertes forment un tout, communément appelé les «comptes annuels». Ceux-ci doivent être établis avec clarté et en conformité avec les règles en matière de structure de bilan et de compte de profits et pertes ainsi que les règles d'évaluation des différents postes qui les composent. Dans cette logique, il est essentiel que les comptes annuels donnent une image fidèle du patrimoine, de la situation financière et des résultats de l'entreprise.

Normalement, l'établissement des comptes annuels se fait dans un esprit de continuité de l'activité de l'entreprise. En conséquence, les structures du bilan et du compte de profits et pertes, tout particulièrement en ce qui concerne la forme retenue pour leur présentation, ne peuvent pas être modifiées d'un exercice à l'autre.

Des dérogations à ce principe sont admises dans des cas exceptionnels à condition d'être mentionnées et motivées dans l'annexe aux comptes annuels. Toute compensation entre des postes d'actif et de passif ou entre des postes de charges et de produits, est interdite.

### 2.a) **La structure du bilan et du compte de profits et pertes**

Le schéma prévu à l'article 34 de la loi du 19 décembre 2002 présente le bilan sous forme de compte. Les postes de l'actif sont présentés par ordre de liquidité croissante. La liquidité est l'aptitude d'un bien ou d'une créance à être transformée en monnaie. Les valeurs les moins liquides sont classées en haut et les plus liquides en bas de l'actif du bilan. Les postes de passif sont présentés par ordre d'exigibilité croissante. Les capitaux propres constituent l'élément le moins exigible et figurent en haut du passif du bilan.

# 08

## → L'actif du bilan suivant l'article 34 de la loi:

**A Capital souscrit non versé**

- I Capital souscrit non appelé
- II Capital souscrit appelé et non versé

**B Frais établissement**

**C Actif immobilisé**

- I Immobilisations incorporelles
  - *1 Frais de recherche et de développement*
  - *2 Concessions, brevets, licences, marques ainsi que droits et valeurs similaires*
  - *3 Fonds de commerce dans la mesure où il a été acquis à titre onéreux*
  - *4 Acomptes versés*
- II Immobilisations corporelles
  - *1 Terrains et constructions*
  - *2 Installations techniques et machines*
  - *3 Autres installations, outillage et mobilier*
  - *4 Acomptes versés et immobilisations corporelles en cours*
- III Immobilisations financières
  - *1 Parts dans des entreprises liées*
  - *2 Créances sur des entreprises liées*
  - *3 Participations*
  - *4 Créances sur des entreprises avec lesquelles la société a un lien de participation*
  - *5 Titres ayant le caractère d'immobilisations*
  - *6 Autres prêts*
  - *7 Actions propres ou parts propres avec indication de leur valeur nominale ou, à défaut de valeur nominale, de leur pair comptable*

**D Actif circulant**

- I Stocks
  - *1 Matières premières et consommables*
  - *2 Produits en cours de fabrication*
  - *3 Produits finis et marchandises*
  - *4 Acomptes versés*
- II Créances
  - *1 Créances résultant de ventes et prestations de services**
  - *2 Créances sur des entreprises liées**
  - *3 Créances sur des entreprises avec lesquelles la société a un lien de participation**
  - *4 Autres créances**
- III Valeurs mobilières
  - *1 Parts dans des entreprises liées*
  - *2 Actions propres ou parts propres avec indication de leur valeur nominale ou, à défaut de valeur nominale, de leur pair comptable*
  - *3 Autres valeurs mobilières*
- IV Avoirs en banques, avoirs en compte de chèques postaux, chèques et en caisse

**E Comptes de régularisation**



** dont la durée résiduelle est inférieure ou égale à un an*
*dont la durée résiduelle est supérieure à un an*

## → Le passif du bilan suivant l'article 34 de la loi:

**A Capitaux propres**

I Capital souscrit
II Primes d'émission
III Réserve de réévaluation
IV Réserves
*1 Réserve légale*
*2 Réserve pour actions propres ou parts propres*
*3 Réserves statutaires*
*4 Autres réserves*
V Résultats reportés
VI Résultats de l'exercice
VII Subventions d'investissement en capital
VIII Plus-values immunisées

**A.bis Dettes subordonnées**

**B Provisions pour risques et charges**

*1 Provisions pour pensions et obligations similaires*
*2 Provisions pour impôts*
*3 Autres provisions*

**C Dettes**

*1 Emprunts obligatoires*
a Emprunts convertibles*
b Emprunts non-convertibles*
*2 Dettes envers des établissements de crédit**
*3 Acomptes reçus sur commandes pour autant**
*4 Dettes sur achats et prestations de services**
*5 Dettes représentées par des effets de commerce**
*6 Dettes envers des entreprises liées**
*7 Dettes envers des entreprises avec lesquelles la société a un lien de participation**
*8 Dettes fiscales et dettes au titre de la sécurité sociale**
*9 Autres dettes**

**D Comptes de régularisation**



** dont la durée résiduelle est inférieure ou égale à un an*
*dont la durée résiduelle est supérieure à un an*

# 08

Conformément à l'article 35 de cette loi, les sociétés qui, à la date de clôture du bilan, ne dépassent pas les limites chiffrées de deux des trois critères suivants:

| | |
|---|---|
| • Total bilan | 3,125 millions d'EUR |
| • Montant net du chiffre d'affaires | 6,250 millions d'EUR |
| • Nombre des membres du personnel employés à plein temps et en moyenne au cours de l'exercice | 50 personnes |

peuvent établir un bilan abrégé reprenant seulement les postes précédés de lettres et de chiffres romains prévus à l'article 34. Lorsqu'une société, à la date de clôture du bilan, vient soit de dépasser, soit de ne plus dépasser les limites chiffrées de deux de ces trois critères, cette circonstance ne produit ses effets pour l'application d'un bilan détaillé ou abrégé que si elle se reproduit pendant deux années consécutives.

Le schéma prévu pour le compte de profits et pertes à l'article 46 de la loi du 19 décembre 2002 consiste à présenter les charges de l'exercice d'après leur nature et à les opposer aux différents produits de l'exercice.

## → Le compte de profits et pertes suivant l'article 46 de la loi:

### A Charges

1 Réduction du stock de produits finis et en cours de fabrication
2 *a Consommation de marchandises et de matières premières et consommables*
*b Autres charges externes*
3 Frais de personnel
*a Salaires et traitements*
*b Charges sociales couvrant les salaires et traitements*
*c Pensions complémentaires*
*d Autres charges sociales*
4 *a Corrections de valeur sur frais d'établissement et sur immobilisations corporelles et incorporelles*
*b Corrections de valeur sur éléments de l'actif circulant*
5 Autres charges d'exploitation
6 Corrections de valeur sur immobilisations financières et sur valeurs mobilières faisant partie de l'actif circulant
7 Intérêts et charges assimilées
*a concernant des entreprises liées*
*b autres intérêts et charges*
8
9
10 Charges exceptionnelles
11 Impôts sur le résultat
12 Autres impôts ne figurant pas sous les postes ci-dessus
13 Résultat de l'exercice

### B Produits

1 Montant net du chiffre d'affaires
2 Augmentation du stock de produits finis et en cours de fabrication
3 Travaux effectués par l'entreprise pour elle-même et portés à l'actif
4 Autres produits d'exploitation
5 Produits de participations
*a provenant d'entreprises liées*
*b autres produits de participations*
6 Produits d'autres valeurs mobilières et de créances de l'actif immobilisé
*a provenant d'entreprises liées*
*b autres produits*
7 Autres intérêts et produits assimilés
*a provenant d'entreprises liées*
*b autres intérêts et produits assimilés*
8
9 Produits exceptionnels
10 Résultat de l'exercice

Dans le bilan ainsi que dans le compte de profits et pertes, les postes prévus aux articles 34 et 46 doivent apparaître séparément dans l'ordre indiqué. Si une société a besoin de créer une subdivision plus détaillée des postes pour des raisons d'adaptation à son activité, elle est autorisée à le faire à condition de respecter la structure des schémas.

## 2.b) **Les principes fondamentaux à la base des règles d'évaluation**

Pour l'évaluation des postes figurant dans les comptes annuels, la loi énumère les principes généraux suivants:

1. la société est présumée continuer ses activités,
2. les modes d'évaluation ne peuvent pas être changés d'un exercice à l'autre,
3. le principe de prudence doit en tout cas être observé,
4. il doit être tenu compte des charges et produits afférents à l'exercice auquel les comptes se rapportent, sans considération de la date de paiement ou d'encaissement de ces charges ou produits,
5. les éléments des postes de l'actif et du passif doivent être évalués séparément,
6. le bilan d'ouverture d'un exercice doit correspondre au bilan de clôture de l'exercice précédent.

Contrairement à certaines tendances dans les pays anglo-saxons, le principe de prudence est fondamental dans son application au Luxembourg. Plus particulièrement, ce principe dicte que:

1. seuls les bénéfices réalisés à la date de clôture du bilan peuvent être retenus,
2. tous les risques prévisibles et pertes éventuelles qui ont pris naissance au cours de l'exercice ou d'un exercice antérieur doivent être considérés,
3. toutes les dépréciations doivent être comptabilisées indépendamment du fait que l'exercice se solde par une perte ou un bénéfice.

Sans être exhaustifs, énumérons les règles d'évaluation les plus importantes:

1. Les frais d'établissement (les frais en relation avec la création ou l'extension de l'entreprise) doivent être amortis dans un délai maximal de cinq ans et le détail des frais d'établissement est précisé dans l'annexe aux comptes annuels.
2. Les frais de recherche et de développement peuvent être amortis sur une durée supérieure à cinq ans à condition que le résultat de ces travaux ait un impact sur l'activité de la société au-delà de cette période.

3. Le fonds de commerce d'une société doit être amorti dans un délai maximal de cinq ans. Toutefois, les sociétés sont autorisées à répartir systématiquement l'amortissement de leur fonds de commerce sur une période supérieure à cinq ans sans dépasser la durée d'utilisation prévue de cet actif.
4. Les éléments de l'actif immobilisé doivent être évalués au prix d'acquisition ou au coût de revient. Le prix d'acquisition s'obtient en ajoutant les frais accessoires au prix d'achat. Le coût de revient s'obtient en ajoutant au prix d'acquisition des matières premières et consommables les coûts directement imputables au produit en question. Le prix d'acquisition ou le coût de revient des éléments de l'actif immobilisé dont l'utilisation est limitée dans le temps doit être diminué des corrections de valeur calculées de manière à amortir systématiquement la valeur de ces éléments pendant leur durée d'utilisation.
5. Les immobilisations financières peuvent faire l'objet de corrections de valeur afin de donner à ces éléments la valeur inférieure attribuable à la date de clôture du bilan. L'évaluation à la valeur inférieure ne peut pas être maintenue lorsque les raisons qui ont motivé les corrections de valeur ont cessé d'exister.
6. Les éléments de l'actif circulant doivent être évalués au prix d'acquisition ou au coût de revient. Ces éléments font l'objet de corrections de valeur afin de donner à ces éléments la valeur inférieure du marché. L'évaluation à la valeur inférieure ne peut pas être maintenue lorsque les raisons qui ont motivé les corrections de valeur ont cessé d'exister. Les corrections de valeur sont faites sur base d'une appréciation commerciale raisonnable.
7. L'évaluation des stocks ainsi que de tous les éléments fongibles, y inclus les valeurs mobilières, peut se faire soit sur la base des prix moyens pondérés, soit selon la méthode First In First Out ou la méthode Last In First Out.
8. Le montant des provisions pour risques et charges ne peut dépasser les besoins.
9. Les éléments d'actif acquis représentant une valeur inférieure à 870 EUR sont directement comptabilisés en compte de profits et pertes.

### 2.c) Le contenu de l'annexe

Sans être exhaustifs, énumérons les informations les plus importantes qui doivent être contenues dans l'annexe aux comptes annuels:

1. les modes d'évaluation appliqués aux divers postes des comptes annuels ainsi que les méthodes de calcul des corrections de valeur utilisées,

2. le nom et le siège des entreprises dans lesquelles la société détient, soit elle-même, soit par une personne agissant en son nom, mais pour le compte de la société, au moins 20% du capital avec indication de la fraction du capital détenu ainsi que du montant des capitaux propres et de celui du résultat du dernier exercice de l'entreprise concernée pour lequel les comptes ont été arrêtés,
3. le nombre et la valeur nominale ou, à défaut de valeur nominale, le pair comptable des actions souscrites pendant l'exercice dans les limites d'un capital autorisé,
4. lorsqu'il existe plusieurs catégories d'actions, le nombre et la valeur nominale, ou à défaut de valeur nominale, le pair comptable de chacune d'entre elles,
5. le montant des dettes de la société dont la durée résiduelle est supérieure à cinq ans ainsi que le montant de toutes les dettes de la société couvertes par des sûretés réelles données par la société avec indication de leur nature et de leur forme,
6. l'existence de parts bénéficiaires, d'obligations convertibles et de titres ou droits similaires avec indication de leur nombre et de l'étendue des droits qu'ils confèrent,
7. le montant global des engagements financiers qui ne figurent pas dans le bilan, dans la mesure où son indication est utile à l'appréciation de la situation financière. Les engagements existant en matière de pensions ainsi que les engagements à l'égard d'entreprises liées doivent apparaître de façon distincte,
8. le nombre des membres du personnel employés en moyenne au cours de l'exercice, ventilé par catégorie (par exemple: le nombre de salariés et le nombre d'ouvriers),
9. le montant des rémunérations allouées au titre de l'exercice aux membres des organes d'administration ou de surveillance à raison de leurs fonctions ainsi que les engagements nés ou contractés en matière de pension et de retraite à l'égard des anciens membres des organes précités,
10. le montant des avances et des crédits accordés aux membres des organes d'administration ou de surveillance avec indication du taux d'intérêt, des conditions essentielles et des montants éventuellement remboursés ainsi que les engagements pris pour leur compte au titre d'une garantie quelconque,
11. les informations concernant les produits (charges) se rapportant à l'exercice, exigibles (payables) après la clôture de ce dernier et qui figurent parmi les créances (dettes), lorsque ces produits (charges) sont d'une certaine importance.

Les sociétés visées à l'article 35 sont autorisées à établir une annexe abrégée dépourvue des informations demandées sous les points 6, 7, 8 et 9.

## 2.d) Le contenu du rapport de gestion

Le rapport de gestion doit contenir:

1. un exposé fidèle sur l'évolution des affaires et de la situation de la société,
2. des indications sur les événements survenus après la clôture de l'exercice,
3. l'évolution prévisible de la société,
4. les activités en matière de recherche et de développement,
5. les acquisitions d'actions propres,
6. l'existence de succursales à l'étranger.

Les sociétés visées à l'article 35 ne sont pas tenues d'établir un rapport de gestion à condition qu'elles reprennent dans l'annexe les indications concernant l'acquisition d'actions propres.

## 2.e) Le dépôt et la publicité des comptes annuels

Pour la S.A. et la SARL, les comptes annuels régulièrement approuvés et le rapport de gestion ainsi que le rapport établi par la personne chargée du contrôle des comptes doivent être déposés auprès du Registre de Commerce et des Sociétés dans le mois de l'approbation et au plus tard sept mois après la clôture de l'année sociale.

La publication des comptes annuels ainsi que de tous les autres documents et informations qui s'y rapportent et dont la loi prescrit la publication au Mémorial, Recueil des Sociétés et Associations, sera faite par une mention du dépôt au Registre de Commerce et des Sociétés des documents.

Toutefois, le rapport de gestion peut ne pas faire l'objet d'une publication. Dans ce cas, le rapport est tenu à la disposition du public au siège de la société. Une copie intégrale ou partielle de ce rapport doit pouvoir être obtenue sans frais et sur simple demande.

## 2.f) Le contrôle des comptes annuels

### → Le cas d'une SARL

Le contrôle des comptes annuels d'une SARL n'est pas obligatoire sauf si elle comprend plus de 25 associés. Dans ce cas, le contrôle doit être confié à un ou plusieurs commissaires, associés ou non. Ce conseil est nommé lors de la constitution de la société pour une durée maximale de six ans et il est soumis à la réélection aux dates déterminées par les statuts de la société.

### → Le cas d'une S.A.

Il est nécessaire de faire la distinction entre une petite et une moyenne entreprise. En effet, le règlement grand-ducal du 22 décembre 2000 permet d'établir cette distinction suivant qu'une société dépasse ou ne dépasse pas au moment de la clôture des comptes annuels les limites chiffrées de deux des trois critères relatifs au total du bilan, le montant net du chiffre d'affaires et le nombre de membres du personnel employés à plein temps et en moyenne au cours de l'exercice.

Si la société ne dépasse pas ces limites chiffrées, il est suffisant que l'assemblée générale des actionnaires désigne un ou plusieurs commissaires aux comptes. La durée de leur mandat ne peut excéder six ans et ils sont rééligibles, sauf dispositions contraires des statuts de la société.

Si la société dépasse ces limites chiffrées, la loi impose le contrôle des comptes annuels par un ou plusieurs réviseurs d'entreprises, désignés par l'assemblée générale des actionnaires parmi les membres de l'Institut des Réviseurs d'Entreprises au Luxembourg. Le réviseur d'entreprises est nommé pour une durée déterminée et exécute son mandat par le biais d'un contrat de prestation de services.

Le commissaire aux comptes a un droit illimité de surveillance et de contrôle sur toutes les opérations de la société. Chaque année, il doit soumettre à l'assemblée générale le résultat de sa mission avec les propositions qu'il croit concevables.

Sa responsabilité, dérivant de son devoir de surveillance et de contrôle, est déterminée d'après les mêmes règles que la responsabilité d'un administrateur ou celle d'un gérant.

Contrairement au réviseur d'entreprises, le commissaire aux comptes n'est pas soumis à des conditions de qualifications particulières.

## 3 La fiscalité directe

### 3.a) L'impôt sur le revenu des collectivités (IRC)

La forme légale de la personne juridique ne constitue pas un critère déterminant pour la détermination de l'impôt. Toute entité économique pouvant être bénéficiaire de revenus non soumis directement à l'impôt sur le revenu dans le chef des associés, est soumise à l'impôt sur le revenu des collectivités.

#### → Obligation fiscale illimitée

Les entreprises ayant leur siège statutaire ou leur principal établissement au Grand-Duché de Luxembourg sont considérées comme des contribuables résidents et sont imposées sur leurs revenus indigènes et étrangers.

#### → Le tarif applicable aux collectivités

L'IRC est fixé à:

- 20% lorsque le revenu imposable ne dépasse pas 10.000 EUR,
- 2.000 EUR plus 26% du revenu dépassant 10.000 EUR lorsque le revenu imposable est compris entre 10.000 et 15.001 EUR,
- 22% lorsque le revenu imposable dépasse 15.000 EUR.

La cote d'impôt est ensuite majorée de 4% pour alimenter le fonds pour l'emploi.

#### → Le régime des sociétés mère et filiale

Les revenus touchés par une société de capitaux résidente pleinement imposable en vertu d'une participation directe dans le capital social:

1. d'une société de capitaux résidente pleinement imposable,
2. d'une société de capitaux non résidente pleinement imposable à un impôt correspondant à l'IRC,
3. d'une société qui est un résident d'un Etat membre de l'Union européenne,

sont exonérés lorsqu'à la date de mise à disposition des revenus, le bénéficiaire détient ou s'engage à détenir ladite participation pendant une période ininterrompue d'au moins 12 mois et que la participation représente au moins 10% du capital ou un prix d'acquisition d'au moins 1.200.000 EUR.

Dans ce cas, la société filiale qui distribue un dividende à la société mère est dispensée de soumettre ce dividende à la retenue à la source de 15%.

S'il s'avère que le critère de détention ininterrompue de 12 mois du seuil minimal de la participation n'est pas satisfait, l'exonération du dividende est annulée par une imposition rectificative.

Dans le cas où une société résidente pleinement imposable cède des titres d'une participation directe détenue dans le capital social:

1. d'une société de capitaux résidente pleinement imposable,
2. d'une société de capitaux non résidente pleinement imposable à un impôt correspondant à l'IRC,
3. d'une société qui est un résident d'un Etat membre de l'Union européenne,

le revenu dégagé par la cession est exonéré lorsqu'au moment de l'aliénation des titres, le cédant détient ou s'engage à détenir ladite participation pendant une période ininterrompue d'au moins 12 mois et que la participation représente au moins 10% du capital ou un prix d'acquisition d'au moins 6.000.000 EUR.

S'il s'avère que le critère de détention ininterrompue de 12 mois du seuil minimal de la participation n'est pas satisfait, l'exonération du revenu dégagé par la cession est annulée par une imposition rectificative.

## 3.b) **L'impôt commercial communal (ICC)**

### → Considérations générales

Au Grand-Duché de Luxembourg, les entreprises sont établies dans une commune. Dans l'exercice de leur activité, elles font appel à un certain nombre d'infrastructures (infrastructure routière, zones industrielles et artisanales, réseaux de canalisation, etc.) qui ont été financées et mises en place par les autorités communales. Perçu par l'Etat pour le compte des communes, l'ICC est un impôt local qui a comme finalité d'opérer une compensation en faveur des communes pour les charges occasionnées par les entreprises.

### → Détermination de l'ICC

Le bénéfice à soumettre à l'ICC est déterminé selon les mêmes critères appliqués en matière d'IRC, abstraction faite de certaines additions et soustractions.

Les additions:

- Les parts de bénéfice et les traitements alloués aux associés commandités d'une société en commandite par actions.
- Les parts de perte dans une société fiscalement transparente.
- Les pertes réalisées dans un établissement stable à l'étranger.

Les soustractions:

- Les parts de bénéfice dans une société fiscalement transparente.
- Les dividendes de participations d'au moins 10% dans des sociétés de capitaux pleinement imposables, résidentes ou non résidentes.
- Les bénéfices réalisés dans un établissement stable à l'étranger.

La base d'assiette d'après le bénéfice d'exploitation s'élève à 3% du bénéfice d'exploitation préalablement diminué d'un abattement de 17.500 EUR. La base d'assiette globale est constituée par la seule base d'assiette d'après le bénéfice d'exploitation. En raison du caractère communal de l'impôt, la base d'assiette globale est multipliée par le taux communal pour déterminer l'impôt commercial dû. Les taux communaux sont fixés par les conseils communaux en fonction des besoins de la commune et varient actuellement entre 200% et 400%.

## 3.c) **L'impôt sur la fortune (IF)**

### → Obligation fiscale illimitée

Les entreprises ayant leur siège statutaire au Grand-Duché de Luxembourg sont considérées comme des contribuables résidents et sont imposées sur leur fortune indigène et étrangère.

→ Détermination de l'IF

La fortune imposable est composée de:

1. la fortune investie dans une exploitation agricole ou forestière,
2. la fortune immobilière (immeubles bâtis et non bâtis),
3. le capital investi dans une entreprise commerciale, industrielle, minière ou artisanale et le capital servant à l'exercice d'une profession libérale,
4. toute fortune mobilière, à l'exception des biens exonérés par une disposition spéciale.

Les propriétés foncières indigènes sont mises en compte avec leur valeur unitaire qui est établie d'après les règles prévues par la loi sur l'évaluation des biens et valeurs, selon la situation des prix ayant existé à la date de la fixation générale des valeurs unitaires des propriétés foncières au 1er janvier 1941. Il va sans dire que ces valeurs unitaires ne représentent qu'une faible fraction des valeurs réelles actuelles.

L'ensemble de la fortune brute est diminuée des dettes lorsqu'elles n'ont pas encore été déduites lors de la détermination du capital investi.

L'impôt sur la fortune est établi par assiette générale tous les trois ans. Lorsque la valeur de la fortune totale varie de plus de 20% ou de plus de 75.000 EUR par rapport à la valeur constatée à la dernière date-clé, il est procédé à une assiette nouvelle avant le terme de trois ans.

Le taux annuel de l'impôt sur la fortune est de 5 pour mille de la fortune imposable. Dans le chef des sociétés de capitaux résidentes, la fortune imposable s'élève au moins à:

- 12.500 EUR pour une S.A.
- 2.500 EUR pour une SARL

## 3.d) **Les bonifications d'impôts**

Au moment de la clôture des comptes annuels et de l'établissement des déclarations d'impôt, le contribuable a la possibilité de bénéficier d'un certain nombre de bonifications d'impôts qui peuvent sensiblement diminuer la charge fiscale de l'entreprise.

→ Bonification d'impôt sur le revenu pour investissement

Sur demande à joindre à la déclaration d'impôt, les investissements effectués dans une société de capitaux peuvent bénéficier d'une bonification déduite de l'impôt sur le revenu. Cette bonification est composée de deux éléments:

La bonification pour investissement complémentaire – cette bonification s'élève à 10% de l'investissement complémentaire en biens amortissables corporels effectués au cours de l'exercice social et autres que les bâtiments, le cheptel agricole et les gisements minéraux et fossiles.

L'investissement complémentaire d'un exercice est égal à la valeur attribuée à la catégorie de biens visés lors de la clôture de cet exercice. Ces biens sont diminués de la valeur de référence de la même catégorie de biens. La valeur de référence, qui est au minimum de 1.850 EUR, est déterminée par la moyenne arithmétique des valeurs que ces biens ont atteinte à la clôture des cinq exercices précédents. L'investissement ainsi déterminé est à augmenter de l'amortissement pratiqué sur les biens éligibles acquis au cours de l'exercice.

Pour être éligible, il est nécessaire de faire abstraction:

1. des biens dont la période d'amortissement est inférieure à trois ans,
2. des biens acquis par transmission en bloc et à titre onéreux d'une entreprise,
3. des biens usagés,
4. des biens isolés acquis à titre gratuit,
5. de certains véhicules automoteurs.

La bonification pour investissement global – cette bonification s'élève à 6% de la première tranche ne dépassant pas 150.000 EUR et à 2% pour la tranche dépassant 150.000 EUR pour les investissements en biens amortissables corporels autres que les bâtiments, le cheptel agricole, les gisements minéraux et fossiles, les investissements en installations sanitaires et de chauffage central incorporés aux bâtiments hôteliers et les investissements en bâtiments à caractère social.

Les critères d'éligibilité sont identiques à ceux applicables pour la détermination de la bonification pour investissement complémentaire. Cependant, les biens usagés sont éligibles jusqu'à concurrence d'un montant de 250.000 EUR lorsqu'ils sont investis par le contribuable dans le cadre d'un premier investissement.

La bonification d'impôt est déduite de l'impôt sur le revenu dû pour l'année d'imposition au cours de laquelle est clôturé l'exercice pendant lequel les investissements ont été réalisés. La bonification d'impôt n'est pas déductible de l'impôt liquidé par voie de retenue non remboursable. A défaut d'impôt suffisant, la bonification en souffrance peut être déduite de l'impôt des dix années d'imposition subséquentes.

### → Bonification d'impôt sur le revenu en cas d'embauchage de chômeurs

Sur demande à joindre à la déclaration d'impôt, cette bonification est allouée au contribuable qui engage un (des) chômeur(s) dans son entreprise à condition de produire un certificat de l'Administration de l'Emploi. Pour la durée de 36 mois à compter de la date d'embauchage et sous réserve de la continuation du contrat de travail pendant cette période, la bonification mensuelle d'impôt par chômeur est de 10% de la rémunération mensuelle brute, déductible comme dépense d'exploitation.

La bonification d'impôt est déduite de l'impôt sur le revenu dû pour l'année d'imposition au cours de laquelle est clôturé l'exercice pendant lequel les rémunérations ont été allouées. La bonification d'impôt n'est pas déductible de l'impôt liquidé par voie de retenue non remboursable. A défaut d'impôt suffisant, la bonification en souffrance peut être déduite de l'impôt des dix années d'imposition subséquentes. En cas de rupture du contrat de travail, le droit à la bonification d'impôt s'éteint à partir du mois de la rupture du contrat.

### → Bonification d'impôt sur le revenu pour frais de formation professionnelle continue

Sur demande à joindre à la déclaration d'impôt, cette bonification est allouée au contribuable pour les frais de formation professionnelle continue au sens de la loi du 22 juin 1999 sur la formation professionnelle continue à condition de produire un certificat de la part du ministère compétent.

La bonification d'impôt s'élève à 10% du coût de l'investissement dans la formation professionnelle continue et elle est déduite de l'impôt sur le revenu dû pour l'année d'imposition au cours de laquelle est clôturé l'exercice pendant lequel les frais ont été exposés. La bonification d'impôt n'est pas déductible de l'impôt liquidé par voie de retenue non remboursable. A défaut d'impôt suffisant, la bonification en souffrance peut être déduite de l'impôt des dix années d'imposition subséquentes.

## 4 La fiscalité indirecte

### 4.a) Généralités

La taxe sur la valeur ajoutée, en abrégé la TVA, est un impôt sur le chiffre d'affaires. A chaque étape de l'activité économique, la taxe frappe la plus-value donnée à un bien ou à la prestation d'un service. En conséquence, elle est acquittée par des paiements fractionnés.

La TVA est un impôt à la consommation parce que seul le consommateur final doit supporter la charge totale de la taxe.

La TVA est transparente. La charge fiscale qui grève un bien acquis ou une prestation de services reçue est connue. Le principe de la transparence est également abordé dans le chapitre sur les critères à respecter en matière de facturation.

La TVA est également un impôt communautaire parce qu'il existe des directives européennes qui ont comme finalité d'harmoniser les législations des Etats membres relatives à la TVA pour faciliter la libre circulation des marchandises et des services.

### 4.b) Les opérations visées par la loi TVA

L'article 2 de la loi TVA indique les opérations soumises à la TVA:

1. Les livraisons de biens et de prestations de service effectuées à titre onéreux à l'intérieur du pays par un assujetti dans le cadre de son entreprise.
2. Les acquisitions intracommunautaires des biens effectuées à titre onéreux à l'intérieur du pays par un assujetti dans le cadre de son entreprise ou par une personne morale non assujettie.
3. Les acquisitions intracommunautaires de moyens de transport neufs effectuées à titre onéreux à l'intérieur du pays par un assujetti dans le cadre de son entreprise, par une personne morale non assujettie ou par toute autre personne non assujettie.
4. Les importations de biens en provenance de pays tiers.

### 4.c) Définition de l'assujetti

Au sens de l'article 4 §1 du Code de la TVA, l'assujetti:

1. est une personne quelconque,
2. exerce des activités économiques de manière indépendante,
3. exerce des activités économiques à titre habituel,
4. exerce des activités économiques quels que soient les buts,
5. exerce des activités économiques quel que soit le lieu.

### 4.d) Les taux applicables

Au Luxembourg, il existe actuellement trois taux de TVA:

1. Le taux super réduit de 3% sur les produits alimentaires, les livres, les chaussures etc.
2. Le taux réduit de 6% sur l'énergie électrique, le gaz, les plantes vivantes, le coiffage etc.
3. Le taux intermédiaire de 12% sur les vins de raisins frais titrant 13° d'alcool ou moins, les combustibles minéraux solides, les imprimés publicitaires, etc. A partir du 1er janvier 2007, le taux intermédiaire de 12%, applicable aux professions libérales, vient de passer à 15%.
4. Le taux normal de 15% pour toutes les opérations qui ne tombent pas sous l'une des trois énumérations ci-dessus.

### 4.e) Les exemptions de TVA liées à certaines personnes et certaines opérations

Les personnes visées par l'exemption en matière de TVA sont:

1. les médecins et médecins-dentistes,
2. certaines professions libérales paramédicales (kinésithérapeutes, accoucheuses, infirmiers, soigneurs etc.)

Les exemptions relatives à certaines opérations ont pour finalité de ne pas freiner l'accès à des prestations de nature sociale, culturelle ou encore sportive par l'application d'une taxe. Sans être exhaustifs, énumérons:

- les organismes de droit public,
- les hôpitaux et établissements psychiatriques,
- les services d'aide familiale,
- le transport de malades et de blessés,
- les prestations d'enseignement,
- les prestations des services liées à la pratique du sport ainsi que les manifestations sportives,
- la gestion par l'Etat, les communes ou d'autres collectivités de droit public des théâtres, musées, bibliothèques, etc.

## 4.f) La déclaration et le paiement de la TVA

Lors de son établissement, l'entrepreneur prend soin d'établir une déclaration initiale à la TVA sur base d'un formulaire standard que l'Administration de l'Enregistrement et des Domaines met à disposition afin d'obtenir un numéro de TVA. Dans cette déclaration initiale, il est nécessaire d'estimer le chiffre d'affaires annuel. La périodicité de l'établissement de la déclaration de la TVA est en fonction des fourchettes suivantes:

- Chiffre d'affaires inférieur à 112.000 EUR — déclaration annuelle
- Chiffre d'affaires entre 112.000 EUR et 620.000 EUR — déclaration trimestrielle
- Chiffre d'affaires supérieur à 620.000 EUR — déclaration mensuelle

Le montant de la taxe exigible est à acquitter par l'assujetti endéans un bref délai qui suit l'envoi de la déclaration à l'Administration de l'Enregistrement et des Domaines.

## 4.g) Le report ou le remboursement de la taxe

Dans le cas où le montant de la TVA déductible (TVA en amont) est supérieur au montant de la TVA collectée (TVA en aval), l'excédent est reporté sur les déclarations de TVA futures. Le remboursement de l'excédent est mensuel si le montant est supérieur ou égal à 1.200 EUR. Le cas échéant, le remboursement est effectué sur une base annuelle.

## 5 Les critères à respecter en matière de facturation

La facture est un élément-clé dans la vie d'une société. Non seulement, la facture est une pièce comptable qui sert de pièce justificative et qui rend compte de la livraison d'un bien ou de la prestation d'un service, mais elle permet également de déduire la TVA.

La loi du 1er juillet 2003 modifiant et complétant la loi modifiée du 12 février 1979 concernant la taxe sur la valeur ajoutée, a transposé en droit luxembourgeois la directive 2001/115/CE en vue de moderniser et d'harmoniser les conditions imposées à la facturation en matière de TVA.

Désormais, il faut entendre par facture tout document sous format papier ou électronique qui répond à un certain nombre de critères énumérés ci-après. De plus, tout assujetti est tenu d'émettre une facture pour:

1. les livraisons de biens ou les prestations de service qu'il effectue pour un autre assujetti ou pour une personne morale non assujettie,
2. les acomptes qui lui sont versés avant que les livraisons de biens ne soient effectuées ou les prestations de services achevées.

### 5.a) **Les mentions obligatoires**

Aux fins de l'application de la taxe sur la valeur ajoutée, le législateur a pris soin que les factures contiennent les mentions obligatoires suivantes:

1. la date de délivrance de la facture,
2. un numéro séquentiel, basé sur une ou plusieurs séries, qui identifie la facture de façon unique,
3. le numéro d'identification à la TVA sous lequel l'assujetti a effectué la livraison de biens ou la prestation de services,
4. le numéro d'identification à la TVA du client sous lequel il a reçu une livraison de biens, ou une prestation de services pour laquelle il est redevable de la taxe,
5. le nom complet et l'adresse de l'assujetti et de son client,
6. la quantité et la nature des biens livrés ou l'étendue et la nature des services rendus,
7. la date à laquelle la livraison de biens ou la prestation de services est effectuée ou achevée ou la date à laquelle l'acompte est versé, dans la mesure où une telle date est différente de la date d'émission de la facture,
8. la base d'imposition pour chaque taux ou exonération, le prix unitaire hors taxe ainsi

que les escomptes, rabais ou ristournes éventuels s'ils ne sont pas pris en compte dans le prix unitaire,
9. le taux de la TVA appliqué,
10. le montant de la taxe à payer,
11. en cas d'exonération ou lorsque le client est redevable de la taxe, la référence à la disposition pertinente de la sixième directive 77/388/CEE du Conseil ou de la loi luxembourgeoise en matière de TVA.

Pour les livraisons intracommunautaires de moyens de transport neufs et en cas d'application du régime de la marge bénéficiaire, la loi prévoit des mentions particulières qui ne sont pas abordées dans cet ouvrage.

Dans le cas d'une S.A., la loi modifiée du 10 août 1915 concernant les sociétés commerciales prévoit dans son article 76, que les factures mentionnent les informations suivantes:

1. la dénomination sociale de la société,
2. la mention «société anonyme», reproduite lisiblement et en toutes lettres, placée immédiatement avant ou après la dénomination sociale,
3. l'indication précise du siège social,
4. les mots «Registre de Commerce et des Sociétés, Luxembourg» ou les initiales «R.C.S. Luxembourg» suivis du numéro d'immatriculation:

Une disposition identique est adressée à l'égard d'une SARL dans l'article 187 de la même loi. De plus, la SARL a l'obligation d'indiquer le montant de son capital social.

La facture mentionnera également le numéro de l'autorisation gouvernementale (droit d'établissement) délivrée par le ministère des Classes moyennes.

## 5.b) **Autres considérations pratiques**

*La devise* – les montants indiqués sur la facture peuvent être libellés dans une devise autre que l'euro pour autant que le montant de la taxe à payer soit déterminé en EUR.

*La langue* – il est possible d'établir des factures en langue étrangère. Cependant, l'administration peut, à des fins de contrôle, exiger une traduction dans la langue française ou allemande des factures relatives à des livraisons de biens ou des prestations de service.

*Période de conservation minimale* – les factures doivent être stockées pendant une période de dix ans au moins.

*Le support de stockage* – le stockage peut valablement se faire par voie électronique, à condition que l'authenticité de l'origine et l'intégralité du contenu soient assurées.

*Le lieu de stockage* – L'assujetti établi au Grand-Duché de Luxembourg doit stocker les livres et documents à l'intérieur du pays lorsque ce stockage n'est pas effectué par voie électronique garantissant un accès complet et en ligne aux données concernées. En conséquence, le stockage en dehors du territoire luxembourgeois mais à l'intérieur de la Communauté européenne est possible à condition que l'assujetti déclare à l'administration le lieu de stockage des données.

## 6 Les délais de paiement et les intérêts de retard

La loi du 18 avril 2004 relative aux délais de paiement et aux intérêts de retard a pour vocation de freiner le phénomène des faillites en modifiant substantiellement la relation contractuelle au niveau des conditions de paiement entre un créancier malchanceux et un débiteur récalcitrant.

Plus particulièrement, cette loi représente la transcription en droit national luxembourgeois de la directive 2000/35/CE du Parlement européen et du Conseil de l'Europe du 29 juin 2000 concernant la lutte contre le retard de paiement dans les transactions commerciales. Selon les statistiques de la Commission européenne, le non-respect des délais de paiement est à l'origine d'approximativement 25% des insolvabilités des PME, un sujet qui est traité à la fin de cet ouvrage dans le cadre de l'analyse de la problématique des faillites.

Cette loi règle à la fois les intérêts en faveur des créances résultant des transactions commerciales et les intérêts en faveur des créances résultant de contrats conclus entre un professionnel et un consommateur. Nous analysons successivement les deux cas.

## 6.a) Les intérêts de retard en faveur des créances résultant des transactions commerciales

Retenons d'abord quelques notions essentielles prévues dans le chapitre I de la loi du 18 avril 2004:

*Transaction commerciale* – toute transaction entre des entreprises ou entre des entreprises et des pouvoirs publics qui conduit à la fourniture de marchandises ou à la prestation de services contre rémunération.

*Entreprise* – toute organisation agissant dans l'exercice d'une activité économique ou professionnelle indépendante, même lorsque cette activité n'est exercée que par une seule personne.

*Pouvoirs publics* – tout pouvoir ou toute entité contractante, tels que définis par les directives 92/50/CEE, 93/36/CEE, 93/37/CEE et 93/38/CEE. Plus particulièrement, il s'agit de l'Etat, des collectivités territoriales, des organismes de droit public et des associations formées par un ou plusieurs de ces organismes de droit public.

*Marge* – la majoration du taux directeur de la Banque Centrale Européenne de 7%.

*Taux directeur de la Banque Centrale Européenne* – taux d'intérêt de la principale facilité de refinancement appliqué par la Banque Centrale Européenne à son opération de refinancement principal la plus récente effectuée avant le premier jour de calendrier du semestre en question dans le cas d'appels d'offres à taux fixe.

### → Les conditions d'exigibilité des intérêts de retard

L'article 3 de la loi fixe le principe de l'exigibilité des intérêts de retard.

Dans le cas où les conditions de paiement sont fixées dans le contrat entre des entreprises, ou entre des entreprises et des pouvoirs publics établis dans la Communauté européenne, les transactions commerciales produisent des intérêts exigibles de plein droit le jour suivant la date de paiement exigée.

En l'absence de conditions de paiement formelles, les créances résultant des transactions commerciales produisent des intérêts exigibles de plein droit:

1. 30 jours après la date de réception par le débiteur de la facture,
2. si la date de réception de la facture est incertaine, alors 30 jours après la date de réception des marchandises ou de la prestation de service,

3. si le débiteur reçoit la facture avant les marchandises ou les prestations de service, alors 30 jours après la réception des marchandises ou de la prestation de service,
4. si une procédure d'acceptation ou de vérification permettant de certifier la conformité des marchandises ou de la prestation de service avec le contrat est prévue par la loi ou dans le contrat et si le débiteur reçoit la facture plus tôt ou à la date de l'acceptation ou de la vérification, alors 30 jours après cette dernière date.

Cependant, ces conditions ne sont pas suffisantes pour exiger le paiement d'intérêts de retard. Encore faut-il que le créancier ait respecté lui-même toutes les obligations contractuelles et légales et que le retard soit imputable au débiteur.

### → Le taux des intérêts de retard

Sauf dispositions contraires fixées entre les parties contractantes et à condition que le créancier soit en droit de réclamer des intérêts de retard, le taux de l'intérêt de retard sur les créances résultant de transactions commerciales correspond au taux directeur de la Banque Centrale Européenne majoré de la marge. Ce taux est publié au début de chaque semestre au Mémorial.

De même, et par dérogation à l'article 240 du Nouveau Code de Procédure Civile (indemnité fixée discrétionnairement par le juge), le créancier peut demander au débiteur un dédommagement raisonnable pour couvrir les frais de recouvrement non compris dans les dépenses encourues à la suite du retard de paiement. Pour être valable, les frais de recouvrement doivent être appuyés de toutes les pièces justificatives et ne peuvent être disproportionnés par rapport à la dette.

Au vu de ce qui précède, on s'aperçoit que les règles de jeu en matière de conditions de paiement ont fondamentalement changé. Une mise en demeure ne sera plus nécessaire. Encore faut-il que les créanciers malchanceux saisissent l'importance des nouveaux moyens mis à leur disposition par cette loi pour faire valoir leurs droits.

Finalement, notons encore que l'article 2 de la loi prévoit l'exclusion du champ d'application d'un certain nombre de créances, notamment:

1. les créances soumises à une procédure d'insolvabilité à l'encontre du créancier,
2. les créances liées aux contrats conclus entre un professionnel et un consommateur,
3. les créances liées aux contrats conclus entre les pouvoirs publics,
4. les intérêts en jeu dans les paiements effectués au titre de la légalisation sur les chèques

et les lettres de change et les paiements effectués dans le cadre de l'indemnisation de dommages, y compris ceux effectués par les compagnies d'assurance.

## 6.b) Les intérêts de retard en faveur des créances résultant de contrats conclus entre un professionnel et un consommateur

### → Les conditions d'exigibilité des intérêts de retard

Le chapitre II de la loi du 18 avril 2004 traite des conditions de paiement entre un professionnel et un consommateur. Contrairement au chapitre I, la particularité consiste dans le fait que l'article 12 précise que les créances envers un consommateur produisent des intérêts au taux légal à partir de l'expiration du troisième mois qui suit la réception des marchandises, l'achèvement des travaux ou encore la prestation de services.

Ensuite, l'article 13 (1) de la loi précise que les intérêts ne sont dus que si le professionnel a, dans le mois de la réception des marchandises, de l'achèvement des travaux ou de la prestation de services, adressé au consommateur la facture y relative. De plus, la facture doit contenir la mention que le professionnel entend bénéficier de l'article 12.

### → Le taux des intérêts de retard

Dans les relations professionnelles avec des particuliers, le taux d'intérêt légal visé à l'article 12 est fixé par règlement grand-ducal pour la durée de l'année civile en considération des taux appliqués par les banques en matière de prêts commerciaux et civils ordinaires.

Si ces taux varient de trois points ou plus au cours du premier semestre, le taux légal pourra être adapté en conséquence pour le semestre qui suit.

## 6.c) Conseils pratiques pour maintenir un degré de liquidité suffisant

1. Maintenir une relation client continue et durable basée sur la confiance réciproque.
2. Mise en place d'un contrôle de la qualité des biens livrés et des services prestés.
3. Agir rapidement pour remédier aux contestations du client.
4. Respecter les dispositions légales et réglementaires en matière de contrats.

5. Identifier si le retard de paiement est dû à un «accident de parcours» de la part du débiteur ou si le débiteur est de mauvaise foi.
6. Demander des informations pertinentes sur la solvabilité du client.
7. Assurer un suivi régulier et rigoureux des créances accompagné d'une procédure de rappels des factures non payées.
8. Ne pas hésiter à suspendre les livraisons de biens et/ou les prestations de service au cas où un seuil prédéfini de factures non payées est dépassé.
9. Ne pas hésiter à recourir à l'établissement d'une ordonnance de paiement pour les créances dues et inférieures à 10.000 EUR.
10. Abandonner les relations avec les clients «mauvais payeurs» et investir le temps gagné dans la prospection de nouveaux clients.

## 7 Le système Intrastat

La mise en place du Marché unique en date du 1er janvier 1993 a fondamentalement changé la procédure de collecte des données statistiques relatives au commerce extérieur. Dans le cadre de la statistique du commerce extérieur, on entend par échanges intracommunautaires tous les mouvements physiques de biens entre le territoire économique du Luxembourg et le territoire économique d'un autre Etat membre de l'UE.

Avant l'abolition des frontières douanières entre les Etats membres de l'UE, les informations statistiques relatives aux échanges de biens étaient collectées sur base des déclarations en douane. Depuis l'abolition, les Etats membres ont adopté un nouveau système de collecte de données, le système Intrastat.

### 7.a) Les modalités relatives à la collecte des données statistiques

En effet, le règlement communautaire relatif au système de collecte Intrastat prévoit que les informations statistiques, notamment les quantités (exprimées en masse nette (kilogrammes) et/ou en unités supplémentaires (litres, pièces, $m^3$, etc.)) soient directement collectées auprès des entreprises engagées dans le commerce intracommunautaire au moyen de déclarations mensuelles.

En principe, toute personne effectuant des échanges de biens avec d'autres Etats membres de l'UE a l'obligation de fournir les informations statistiques au STATEC. Les déclarants du système Intrastat peuvent être des personnes physiques ou des personnes morales.

Pour établir leurs déclarations, les déclarants ont le choix entre le support papier ou le support informatique. L'échéance de la remise des déclarations au STATEC dépend du support de transmission:

- 6e jour ouvrable du mois suivant le mois de référence pour le support papier,
- 16e jour ouvrable du mois suivant le mois de référence pour le support informatique.

Les déclarations établies sur base du logiciel fourni gratuitement par le STATEC et communiquées par voie électronique bénéficient d'une prolongation d'un délai de dix jours ouvrables.

## 7.b) La simplification administrative en matière d'Intrastat

Puisque le système de collecte d'information Intrastat fonctionne comme une auto-déclaration, les déclarants ont vu augmenter leur charge administrative dans la gestion journalière de leurs sociétés parallèlement avec l'augmentation du volume des échanges intracommunautaires.

Pour établir un équilibre entre la qualité statistique d'une part et la charge de travail des PME pour établir les déclarations Intrastat d'autre part, le législateur communautaire a introduit un système de seuils statistiques ayant pour objectif une simplification administrative en matière d'Intrastat.

| **Seuils** | **Valeur annuelle** | **Flux** | **Informations à fournir** |
|---|---|---|---|
| Exemption | 150.000 EUR | Arrivée/Expédition | Simplifiée |
| Simplification | 375.000 EUR | Arrivée/Expédition | Détaillée |
| Détaillé | 2.500.000 EUR | Arrivée | |
| | 4.500.000 EUR | Expédition | Détaillée étendue |

*Source: STATEC*

Les deux simplifications administratives sont les suivantes:

Avec effet au 1er janvier 2005, le STATEC a pris la décision de relever les seuils d'exemption de 100.000 EUR à 150.000 EUR. En conséquence, un déclarant dont le total annuel des arrivées et/ou des expéditions intracommunautaires de biens ne dépasse pas 150.000 EUR, peut solliciter une dispense pour les flux en question en introduisant une demande écrite auprès du service Intrastat du STATEC.

Avec effet au 1er janvier 2006, le STATEC a pris la décision de dispenser les entreprises de fournir des informations sur la quantité en masse nette pour tous les biens pour lesquels des unités supplémentaires doivent être indiquées simultanément. En conséquence, pour un bien pour lequel il était obligatoire avant le 1er janvier 2006 de mentionner la masse nette (kg) et l'unité statistique supplémentaire (nombre de pièces), le déclarant signale dorénavant uniquement l'unité statistique supplémentaire.

Les informations sur le fonctionnement du système Intrastat, l'outil de collecte électronique IDEP/NC8 ainsi que la Nomenclature combinée peuvent être téléchargés à partir du site Internet du STATEC, www.statec.lu («Informations pour les déclarants»–«Intrastat»). Signalons encore que les prestations de services, contrairement aux flux des biens dans les échanges intracommunautaires, ne sont pas recensées par le système de collecte statistique Intrastat.

# Apprendre à ENTREPRENDRE

# Les règles relatives aux mécanismes de la «Concurrence»

Avec l'introduction de la loi du 17 mai 2004 relative à la «Concurrence», qui répond aux recommandations de la Commission européenne, la législation luxembourgeoise en matière de politique des prix et de concurrence a été largement réformée en 2004 et ne doit pas passer inaperçue aux yeux des dirigeants d'entreprises.

En effet, la politique de fixation et de contrôle des prix par l'intermédiaire de l' «Office des prix» a été supprimée. Depuis, les prix se forment librement sur le marché par le jeu de l'offre et de la demande. Pour assurer que le consommateur soit le bénéficiaire du processus concurrentiel, la loi a prévu un certain nombre de mesures pour rétablir les conditions de concurrence à chaque fois qu'elles risquent d'être mises en péril.

## 1 Champ d'application

La loi relative à la concurrence s'applique à toutes les activités de production et de distribution de biens et de prestations de services, y compris celles qui sont le fait de personnes de droit public. Le champ d'application est vaste et entend inclure l'ensemble des activités économiques tout en restant souple dans le cadre d'une adaptation ultérieure à de nouveaux secteurs.

## 2 Le principe de la libre fixation des prix

A l'instar de la quasi-totalité des économies occidentales, les prix des biens, produits et services sont déterminés par le libre jeu de la concurrence. Or, la loi prévoit des exceptions à ce principe et un encadrement des prix à chaque fois que des raisons structurelles ou conjoncturelles entravent la concurrence sur le marché.

Plus particulièrement, le ministère ayant dans ses attributions l'économie, peut conclure avec des entreprises des contrats de programme comportant des prix maxima. A défaut de conclusion de contrats de programme, des prix maxima peuvent être fixés par règlement grand-ducal. Les secteurs actuellement concernés sont:

1. les produits pétroliers,
2. les produits pharmaceutiques,
3. les entreprises de taxi.

## 3 Interdiction de certaines pratiques anticoncurrentielles

### 3.a) Interdiction des ententes

Sont interdits et nuls de plein droit tous les accords entre entreprises, décisions d'associations d'entreprises et pratiques concertées voulant empêcher, restreindre ou fausser le jeu de la concurrence sur un marché en :

1. fixant les prix d'achat ou de vente ou d'autres conditions de transaction de façon directe ou indirecte,
2. limitant ou en contrôlant la production, les débouchés, le développement technique ou les investissements,
3. répartissant les marchés ou les sources d'approvisionnement,
4. appliquant des conditions inégales à des prestations équivalentes à l'égard des partenaires commerciaux,
5. subordonnant la conclusion de contrats à l'acceptation par les partenaires de prestations supplémentaires, qui, par leur nature ou selon les usages commerciaux, n'ont pas de lien avec l'objet de ces contrats.

La loi accepte cependant des exceptions à l'interdiction des ententes si elles contribuent à améliorer la production ou la distribution des produits ou à promouvoir le progrès technique ou économique.

### 3.b) Interdiction des abus de position dominante

La loi ne condamne pas la position dominante d'un acteur économique mais interdit l'exploitation abusive qui peut en être faite. En conséquence, il faut établir l'existence d'une position dominante sur un marché déterminé avant d'en caractériser l'exploitation abusive.

La position dominante peut se manifester par une part de marché importante, l'existence de barrières à l'entrée, la puissance financière, la possession de droits de propriété industrielle ou encore l'existence d'avantages concurrentiels résultant des ressources techniques etc.

La liste des comportements abusifs est indicative et la définition de chacun d'eux est proche de ceux énumérés ci-dessus dans le contexte de l'interdiction des ententes.

## 4 Mise en place des autorités de contrôle

La loi a instauré deux organes étatiques chargés du contrôle de l'application des règles de concurrence, à savoir le «Conseil de la concurrence» et l' «Inspection de la Concurrence». Contrairement au Conseil, qui est un collège indépendant, l'Inspection est intégrée au sein des services du ministre ayant l'économie dans ses attributions. Cette structure permet d'accentuer l'indépendance de l'autorité qui prend les décisions alors que le pouvoir exécutif est fortement engagé dans la vie économique.

### 4.a) Le Conseil de la concurrence

Le Conseil est un organe collégial composé de trois conseillers, dont un président, et cinq conseillers suppléants. Le fait que le président et un conseiller suppléant relèvent de la magistrature souligne l'indépendance du Conseil. Pour assumer leurs responsabilités, les autres membres du Conseil doivent obligatoirement disposer d'un bagage académique en droit ou sciences économiques.

Le Conseil peut être saisi par le ministre, l'Inspection ou toute autre personne physique ou morale ayant un intérêt légitime. Sur base des dossiers qui lui sont soumis, le Conseil analyse, constate, interdit et sanctionne des pratiques anticoncurrentielles au sens du droit national et communautaire. A cette fin, il peut imposer toute mesure coercitive qui soit proportionnée à l'infraction retenue à charge de l'entreprise et nécessaire pour faire cesser l'infraction.

### 4.b) L'Inspection de la concurrence

Rattachée au ministère de l'Economie et du Commerce extérieur, l'Inspection est un organe d'enquête, d'instruction et d'assistance à la DG Concurrence de la Commission européenne en cas d'investigations sur le territoire luxembourgeois.

Dans ce contexte, elle dispose de pouvoirs d'investigation et d'enquête étendus pour instruire un dossier en vue d'établir l'existence d'une violation du droit de la concurrence. Plus particulièrement, elle peut demander de fournir les renseignements nécessaires et procéder à des inspections auprès des personnes soupçonnées. Cependant, l'Inspection ne peut procéder à des perquisitions que sur autorisation du président du tribunal d'arrondissement compétent.

10

# L'impact des critères de l'accord de Bâle II sur le financement des entreprises auprès des banques

## 1 Considérations générales

Officiellement en vigueur depuis le 1er janvier 2007, le nouvel accord de Bâle, Bâle II, redéfinit les règles de jeu dans le contexte du rôle des banques dans la distribution de crédits à l'économie et plus particulièrement aux entreprises. Le pivot de cette nouvelle directive est constitué par une analyse systématique de la solvabilité des emprunteurs de fonds sur base d'évaluations (ratings) internes, de la part des banques, et/ou externes, de la part d'agences d'évaluation qualifiées.

Ces évaluations sont utilisées pour effectuer une analyse approfondie du risque de crédit (défaillance partielle ou totale du preneur de crédit) et sont basées sur une panoplie d'informations quantitatives et qualitatives. En conséquence, les conditions de crédits seront fonction de la solvabilité du client de la banque et le nouvel accord prévoit une transparence accrue dans la relation entre l'emprunteur d'un côté et son banquier de l'autre.

Plus particulièrement, l'objectif de la dernière réforme de l'accord de Bâle consiste en un renforcement de la santé et de la stabilisation du système bancaire international.

Cependant, dans quelle mesure les critères de Bâle II vont-ils influencer le niveau de financement des PME? Le cadre réglementaire de Bâle II, formulé dans un langage issu des milieux bancaires, représente-t-il un risque ou une opportunité pour le dirigeant d'entreprise? Les banques cesseront-elles de prêter de l'argent aux PME?

L'exposé qui suit n'a pas pour vocation de rentrer dans la partie technique de l'accord de Bâle II, mais fournira une meilleure compréhension de la philosophie des accords de Bâle et servira surtout au dirigeant d'entreprise comme fil conducteur qui produira les informations utiles et nécessaires pour réussir lors de l'exercice d'évaluation auprès de la banque.

10

## 2 Avant Bâle II existait Bâle I

Le premier accord dans ce contexte, Bâle I, a été émis en 1988 par le comité de Bâle sur le contrôle bancaire (appelé ainsi d'après la ville de Bâle en Suisse où le Comité entretient un secrétariat permanent au sein de la «Bank for International Settlements»).

Ce Comité est composé de représentants des Banques centrales sous l'égide de la BIS, la Banque Centrale des Banques Centrales. Aujourd'hui, treize pays sont représentés dans le Comité, à savoir: l'Allemagne, la Belgique, le Canada, l'Espagne, les Etats-Unis, la France, l'Italie, le Japon, le Luxembourg, les Pays-Bas, le Royaume-Uni, la Suède et la Suisse.

Les recommandations du comité de Bâle sur le contrôle bancaire sont en principe transposées en droit national dans plus de 100 pays du monde, dont ceux de l'Union européenne.

Bâle I représentait un ensemble de recommandations internationales dont la pièce maîtresse a été la mise en place d'un ratio minimal de fonds propres par rapport à l'ensemble des crédits accordés, le ratio Cooke. Suivant les propositions de Bâle I, toute banque, indépendamment de la solvabilité de son client, devait couvrir 8% des crédits octroyés par des fonds propres pour couvrir le risque de contrepartie.

### 2.a) **Les faiblesses de Bâle I**

Or, cette mesure unique de détermination des fonds propres réglementaires ne prévoyait qu'une très faible différentiation des risques, les créances étant pondérées comme suit:

- 0% pour les crédits aux souverains OCDE (100% non OCDE),
- 20% pour les crédits aux banques OCDE (100% non OCDE),
- 50% pour les prêts hypothécaires,
- 100% pour tous les autres prêts (dont la clientèle de détail et les entreprises).

En conséquence, les principales faiblesses de l'accord de Bâle I consistaient dans l'absence de prise en compte du degré de risque du débiteur et un manque d'incitations à promouvoir les procédures de gestion des risques.

Les membres du Comité ont compris que face aux développements sophistiqués des marchés financiers et des économies nationales et internationales, le ratio Cooke ne pouvait être considéré comme une mesure unique et immuable dans le temps et que son application dans un environnement en mutation continue engendrait une affectation inadéquate des ressources en capital. Finalement, les établissements de crédit ne peuvent pas couvrir tous les risques seulement par le biais du prix, c'est-à-dire, des intérêts.

En conséquence, le nouveau ratio de solvabilité ne tiendra pas seulement compte d'une refonte de la méthode de calcul de la charge en capital au titre du risque de crédit, c'est-à-dire, le risque qu'un emprunteur ne puisse honorer ses obligations contractuelles, mais introduira aussi une charge en capital au titre du risque opérationnel, c'est-à-dire, le risque de pertes résultant d'une inadéquation ou d'une défaillance attribuable aux procédures, au facteur humain, aux systèmes ou encore à des causes externes.

## 2.b) **Les objectifs de l'accord de Bâle II**

Dans un souci de créer un cadre réglementaire qui permettra de stabiliser davantage le système bancaire international et de réduire les distorsions concurrentielles, le nouvel accord de Bâle II prévoit principalement les objectifs suivants:

- une approche et une mesure différenciée des risques,
- une promotion de la gestion interne des risques de la part des banques,
- maintenir une capitalisation minimale en relation avec les différents niveaux de risques encourus par les banques, sans changer globalement le niveau du capital, qui se trouveront actuellement dans le système bancaire.

## 2.c) **Les fondements de l'accord de Bâle II**

Pour atteindre ces objectifs, l'accord de Bâle II a prévu la mise en place de fondements, plus communément connus sous la désignation des «3 piliers».

- *Pilier I* – Exigence minimale de fonds propres. Pondération des risques. Techniques d'atténuation des risques. Traitement du risque opérationnel.
- *Pilier II* – Processus de surveillance prudentielle. Respect des critères qualitatifs. Prise en compte des risques non pleinement capturés par le Pilier I ou non couverts par le Pilier I. Prise en compte des facteurs extérieurs.

- *Pilier III* – Discipline de marché. Communication des approches choisies par la banque. Communication de l'exposition aux risques et dispositif de gestion des risques.

## 3 Les paramètres de calcul du risque de crédit

La mesure du risque de crédit implique de donner des réponses aux questions suivantes:

1. *Probabilité de défaillance:* Quelle est la probabilité de défaillance d'un client?
2. *Exposition au risque de défaillance:* Combien ce client devra-t-il à la banque au moment de la défaillance?
3. *Pourcentage de perte en cas de défaillance:* Combien la banque perdra-t-elle par rapport à cette exposition?

La mise en relation de ces trois facteurs résulte dans l'évaluation de l'importance de la perte prévue pour la banque et permet également de comprendre l'essence de cet accord. En effet, l'accent est mis sur une amélioration de la mesure de la gestion et de la mesure du risque de crédit. Cette dernière implique de s'exprimer sur la solvabilité d'un emprunteur. En conséquence, la tarification d'un crédit doit impérativement être fonction du degré du risque que l'emprunteur représente pour la banque.

A ce sujet, Bâle II définit la notion de défaut si un des deux événements suivants se produit:

1. La banque estime improbable que le débiteur rembourse en totalité son crédit sans qu'elle n'ait besoin de prendre des mesures appropriées telles que la réalisation d'une garantie (si la garantie a été donnée au moment du consentement du crédit).
2. Des dépassements ou impayés sur un crédit significatif existent depuis 90 jours au moins.

## 4 Choix d'une approche pour traiter le risque de crédit

Pour chaque portefeuille, les banques doivent choisir une approche parmi les trois suivantes:

1. L'approche «standard», applicable dès 2007. Suivant cette approche, tout emprunteur

sera évalué par une agence de notation indépendante et spécialisée dans la matière, comme par exemple Standard & Poor's ou Moody's. Cependant, la limite de cette approche consiste dans la quasi-inexistence de ce type d'évaluations pour des PME au Luxembourg. Dans certains pays de l'UE, des agences de notation locales sont en train de se développer et se concentrent de plus en plus sur les PME.

2. L'approche «Foundation Internal Ratings Based (FIRB)», applicable dès 2007. Le développement des paramètres de la FIRB repose sur des méthodologies testées par les régulateurs.
3. L'approche «Advanced Internal Ratings Based (AIRB)», applicable dès 2008. Contrairement à la FIRB, le développement des paramètres d'évaluation de la AIRB est exclusivement établi par les banques.

Le choix d'une approche déterminera si l'évaluation est simple, peu détaillée et peu sensible aux risques ou si l'évaluation est sophistiquée, très détaillée et très sensible aux risques.

L'application d'un rating interne à un client par une banque luxembourgeoise avant la mise à disposition d'un financement n'est pas nouvelle mais une pratique courante. Cependant, les méthodes d'évaluation appliquées par les établissements de crédit de la place financière n'étaient pas comparables car non uniformes. Les critères de Bâle II tendent à uniformiser les règles d'évaluation et à les rendre transparentes de sorte à pouvoir établir des comparaisons entre différentes banques.

## 5 Pourquoi faut-il établir un rating?

Le rating est un outil de mesure de la capacité d'une entreprise à honorer ses obligations de remboursement d'un financement en termes de principal et intérêts. Plus particulièrement, le rating est une mesure graduée qui reflète la probabilité de défaut d'un débiteur suivant une méthode de calcul standardisée. Le rating sert à attribuer au débiteur une catégorie de risque à laquelle sont annexées les conditions de financement et exprime en conséquence un jugement sur la qualité intrinsèque du débiteur.

## 6 L'accès au financement dans le cadre de l'accord de Bâle II

La plupart des PME luxembourgeoises dépendent des banques pour leur financement externe. Même si certaines PME possèdent les moyens financiers pour s'autofinancer, ces fonds restent souvent limités et ne peuvent pas servir à combler des besoins financiers à court terme.

Surtout dans le cas de sociétés nouvellement créées, les banques sont réticentes à accorder des financements pour assurer le fonds de roulement ou encore des investissements importants en infrastructures mobilières et immobilières en l'absence de garanties réelles de la part des dirigeants d'entreprise. En effet, les banques sont conscientes de la probabilité d'échec des entreprises au cours des cinq premières années de leur vie ainsi que des causes internes et externes de la faillite, un sujet qui est abordé plus en détail à la fin de cet ouvrage.

Les PME jouent cependant un rôle important dans le tissu économique luxembourgeois. Abstraction faite du secteur financier, plus de 25.000 PME luxembourgeoises assurent approximativement 120.000 emplois et contribuent au développement de la croissance économique.

En conséquence, un rationnement du crédit représente un frein au développement et à la croissance des PME au Luxembourg. Pour améliorer l'accès au crédit, il est inévitable que le dirigeant d'entreprise se mette lui-même ainsi que son entreprise à l'épreuve en évaluant de manière critique ses forces et faiblesses, ses risques et opportunités. Sur base de cette autoévaluation, il est important d'initier aujourd'hui les mesures nécessaires pour bénéficier demain d'un meilleur rating. La bonne nouvelle est donc la suivante: L'entrepreneur est en mesure de jouer un rôle actif et décisif dans la détermination de son rating par la banque.

Nous venons de voir que les banques ont la possibilité de choisir entre trois approches distinctes pour évaluer un client. Au Luxembourg, toutes les banques n'utilisent pas la même approche. Si certaines banques utilisent la méthode «Foundation Internal Ratings Based», d'autres ont une préférence pour la méthode «Advanced Internal Ratings Based». Or, indépendamment de la méthode d'évaluation choisie par les banques, le dirigeant d'entreprise a intérêt à suivre une approche structurée de l'analyse de son entreprise. La suite de ce chapitre présente un cadre général relatif aux démarches, informations et outils nécessaires pour répondre aux nouvelles exigences et réussir une négociation de crédit avec votre établissement de crédit.

A ce stade, il importe peu d'attribuer un système de notation précis (par exemple une note de 1 (très mauvais) à 10 (très bien)) à votre propre évaluation au moment de la préparation d'un dossier de demande de financement.

De même, de faibles variations entre votre résultat d'évaluation et celui établi par la banque ont peu d'influence sur le résultat final. L'élément décisif au cours de cet exercice consiste dans la compréhension du fonctionnement du rating et des facteurs qui ont un impact positif ou négatif sur son résultat.

## 7 Effectuer une autoévaluation de son entreprise

D'abord, l'exercice de l'autoévaluation s'articule principalement autour des informations que les PME utilisent en général pour assumer leurs fonctions commerciales et administratives. Cet exercice ne dispense pas le dirigeant de mettre en exergue son expérience et ses compétences en tenant compte de la nature des activités de son entreprise et de l'environnement économique dans lequel elle opère. Sans prétendre à l'existence d'un schéma unique de présentation d'une autoévaluation, nous suggérons de développer un cadre qui repose sur les facteurs quantitatifs et qualitatifs de l'évaluation.

### 7.a) Les facteurs quantitatifs de l'analyse

Au cours de cet exercice, les facteurs quantitatifs reposent essentiellement sur une analyse financière de l'historique comptable de l'entreprise. Ces facteurs impliquent également la capacité d'établir des projections financières à court, moyen et long terme.

Le détail d'une planification varie considérablement en fonction des besoins de l'entreprise et des personnes internes ou externes qui en font une utilisation. Néanmoins, cette planification représente la méthode la plus classique et la plus répandue dans la pratique pour rendre compte des performances quantitatives de l'entreprise soit en interne (conseil d'administration, responsables de département, personnel, etc.) soit en externe (actionnaires, banques, etc.).

Une analyse et planification classique est composée au moins des éléments suivants:

1. Le budget et les hypothèses sous-jacentes.

2. Une analyse du réalisé comparée au budget avec une explication des écarts.
3. Les principaux indicateurs de performance (liquidité, solvabilité, rentabilité du chiffre d'affaires et des fonds propres, degré d'endettement, nombre de jours de crédit clients et fournisseurs, etc.).
4. La planification de la trésorerie.

### 7.b) Les facteurs qualitatifs de l'analyse

A côté des facteurs quantitatifs, Bâle II accorde une importance particulière aux facteurs qualitatifs d'une entreprise. La suite de ce chapitre développera essentiellement les aspects liés:

1. à la description des objectifs et au développement de stratégies pour les atteindre,
2. à l'analyse des développements du marché et de la concurrence,
3. à l'analyse et au développement des capacités de l'entreprise.

#### → La description des objectifs et le développement de stratégies pour les atteindre

A côté de ses compétences professionnelles, un dirigeant d'entreprise doit avoir des capacités de visionnaire qui lui permettent de concevoir ce que l'activité de son entreprise peut être dans le futur. Le résultat de cette démarche est la détermination d'objectifs de toute sorte. Encore doit-il choisir les moyens et la stratégie, pour atteindre ces objectifs.

Dans la détermination des objectifs, le dirigeant doit pouvoir répondre aux questions suivantes:

1. Quelles sont les activités que l'entreprise doit lancer, développer, réduire ou arrêter?
2. Quelle est la taille optimale de ces activités?
3. Quels sont les risques associés à ces activités et quels sont les moyens ou contrôles en place pour les mitiger?
4. Quels sont actuellement les obstacles qui empêchent la réalisation des objectifs et quels sont les changements qu'il faut y apporter?

Un outil classique pour supporter cette première phase d'analyse est la méthode SWOT. Cette méthode consiste dans la formalisation des forces, faiblesses, opportunités et menaces sous forme de tableau analytique.

*Forces* – les ressources existantes ou potentielles à l'intérieur de l'organisation qui procurent un avantage compétitif sur le marché.

*Faiblesses* – les éléments existants ou potentiels à l'intérieur de l'organisation qui constituent une barrière à l'obtention ou au maintien d'un avantage compétitif sur le marché.

*Opportunités* – les éléments existants ou potentiels dans l'environnement externe qui peuvent procurer un avantage compétitif sur le marché s'ils sont exploités de manière appropriée.

*Menaces* – les éléments existants ou potentiels dans l'environnement externe qui représentent un risque pour l'obtention ou le maintien d'un avantage compétitif sur le marché,

**Analyse SWOT**
(à titre d'illustration)

**Forces (Strengths)**
- réseau de distribution efficace
- engagement du personnel élevé
- etc.

**Faiblesses (Weaknesses)**
- absence de stratégie claire
- absence de formation
- etc.

**Opportunités (Opportunities)**
- nouvelles technologies
- nouvelles législations
- etc.

**Menaces (Threats)**
- nouveau concurrent
- récession, taux d'intérêt élevés
- etc.

Un dirigeant prudent met son analyse régulièrement à l'épreuve et prend soin d'actualiser les objectifs au fur et à mesure que les paramètres changent. Simultanément, le dirigeant doit s'assurer que ces objectifs sont compatibles avec ceux des autres personnes ayant un intérêt dans l'entreprise, notamment les actionnaires/associés, le conseil d'administration, le gérant et le personnel. Les objectifs de ces personnes sont entièrement distincts.

1. Rendement suffisant en termes de dividende et/ou plus-value pour un actionnaire/associé.
2. Motivation et temps consacré au développement de l'entreprise par les principaux dirigeants.
3. Conditions contractuelles et attentes de revenus personnels.

# 10

Certes, il n'est pas toujours facile d'évaluer de manière précise le succès d'une stratégie pour atteindre les objectifs d'une entreprise. Il existe autant d'autoévaluations distinctes qu'il y a d'entreprises, parce que chacune d'entre elles est unique dans sa philosophie de travailler. Les indicateurs suivants peuvent quand même être utilisés de manière générale pour évaluer si l'entreprise a choisi les bons objectifs, maîtrise les risques et garantit les performances escomptées:

- le nombre de réclamations en garantie indique la qualité du produit,
- le nombre de perturbations du service fourni indique la qualité du service,
- le nombre de plaintes déposées indique la satisfaction du client,
- la rotation du personnel et le nombre de formations dispensées indique la satisfaction du personnel,
- les objectifs de vente, les marges bénéficiaires, le rendement du capital et la gestion de trésorerie indiquent la performance financière.

## → L'analyse des développements du marché et de la concurrence

S'il n'existe pas de marché, alors il n'y a pas d'argent à gagner. Cette constatation simpliste résulte dans la partie de l'analyse la plus complexe, parce qu'elle est fortement dépendante de l'expérience dans le secteur dont dispose la personne responsable de l'établissement de l'analyse.

L'environnement externe est par définition moins tangible et dans la majorité des cas, les entreprises subissent plus les pressions du marché qui les font réagir. Ainsi tout problème identifié au moment de l'analyse fait l'objet d'un plan d'action qui décrit quand et comment les mesures appropriées sont mises en place pour atténuer les risques liés au marché et à la concurrence.

Dans cette phase de l'analyse s'imposent l'inventaire et le classement des différents produits et/ou services de l'entreprise pour identifier ceux qui sont les plus avantageux pour l'entreprise. Quel est l'attrait du produit et/ou service pour le client, le fournisseur, la concurrence ou encore pour le développement du marché?

Evaluation du client

1. Qui est le client? – Une personne physique ou morale. Nombre.
2. Quelle est la répartition géographique des clients? – Luxembourg, Europe, le reste du monde.
3. Le client a-t-il des difficultés pour s'approvisionner auprès d'une autre source?
4. Quel est pour le client l'avantage en termes de coûts par rapport au produit et/ou service d'un concurrent?
5. Quel est pour le client l'avantage en termes de valeur ajoutée par rapport au produit et/ou service d'un concurrent?
6. Quelle est la fidélité du client par rapport au produit et/ou service?

Evaluation du fournisseur

1. Qui est le fournisseur? – Une personne physique ou morale.
2. Quelle est la répartition géographique des fournisseurs? – Luxembourg, Europe, le reste du monde.
3. Quelle est la fiabilité du fournisseur en termes de disponibilité et de qualité des produits et/ou services.
4. Quel est le poids de vos commandes par rapport au chiffre d'affaires du fournisseur?
5. Est-ce que vous pouvez facilement changer de fournisseur?

Evaluation de la concurrence

1. Est-ce qu'il est facile pour un nouveau concurrent d'entrer sur votre marché à coûts identiques ou inférieurs à ceux de votre entreprise?
2. Est-ce que les concurrents existants ont des difficultés pour se développer sur le marché à cause du manque de ressources qualifiées et de la fiabilité de votre personnel-clé?
3. Quels sont les obstacles rencontrés par un concurrent pour accéder à vos canaux de distribution?
4. Quelles sont les difficultés pour pénétrer le marché à cause des contraintes réglementaires?

10

Evaluation du développement du marché

1. Quel est le taux de croissance de votre marché et où se situe la croissance de votre entreprise par rapport au marché?
2. Quelle est la diversité du marché en termes de marques et de concurrents?
3. Quelle est la fréquence à laquelle les prix sont adaptés?
4. Quels sont les coûts (fixes et variables) et les capacités de la concurrence?
5. Quelle est la rotation sur le marché (nouveaux concurrents, fusions entre concurrents, faillites, arrêts d'activité pour absence de succession, etc.)?

Pour finaliser la partie de l'analyse des conditions externes, il faut également prendre en considération l'impact de facteurs plus généraux, comme par exemple:

1. *L'environnement social* – le changement du comportement et des attitudes sociales se répercute sur le choix des consommateurs.
2. *L'environnement technologique* – le développement rapide des technologies a un impact sur les prix et les performances mais rend également les technologies d'aujourd'hui rapidement obsolètes.
3. *L'environnement économique* – dans le commerce international, des barrières aux échanges et les taux de change des devises non libellées en euros se répercutent directement sur les importations et les exportations.
4. *L'environnement politique* – le changement des pouvoirs politiques entre deux périodes législatives peut avoir une influence sur le développement d'un marché spécifique.
5. *L'environnement légal* – les lois sont en mutation constante et ont un impact direct sur les décision des entrepreneurs.
6. *Le contexte environnemental* – des dispositions de plus en plus restrictives en matière d'environnement font que les entreprises sont obligées de se mettre à jour par rapport aux exigences liées à leurs activités.

### → Analyse et développement des capacités de l'entreprise

Contrairement à l'analyse de l'environnement externe développée ci-dessus, l'analyse de l'environnement interne d'une entreprise est beaucoup plus concrète et s'intéresse à l'identification et à la mise en valeur de ses ressources ainsi qu'à la détermination appropriée de ses capacités. En d'autres termes, cet exercice doit permettre d'atteindre un équilibre dans les différents cycles d'une entreprise lui permettant de fonctionner de manière optimale.

La gestion générale

1. Définir, mesurer et ajuster les stratégies et objectifs de l'entreprise.
2. Coordonner, gérer et équilibrer les ressources financières et matérielles.
3. Développer les ressources humaines.
4. Protéger les systèmes et la propriété intellectuelle.
5. Intégrer les pratiques de gestion des risques et assurer le respect des règlements internes et dispositions légales externes.
6. Développer et maintenir des canaux de communication avec toutes les personnes intéressées au bon fonctionnement de l'entreprise.

La gestion des achats

1. Identifier les canaux d'approvisionnement sûrs et fiables.
2. Obtenir le meilleur rapport qualité/prix de la part du fournisseur.

La gestion des ventes et du marketing

1. Développer la gestion des relations avec le client.
2. Développer la gamme des produits et/ou services.
3. Assurer les canaux de distribution.
4. Etablir des études de marché en cas de besoin.
5. Réaliser des activités promotionnelles.

La gestion opérationnelle

1. Analyser l'efficacité du processus de production.
2. Mettre en place de bonnes pratiques en matière de gestion des commandes et des comptes clients.
3. Gérer les stocks, surtout ceux des produits à haute valeur ajoutée.
4. Protéger physiquement les stocks.

La gestion des immobilisations corporelles

1. Assurer le bon état de fonctionnement de l'usine, des locaux administratifs et des équipements.
2. Assurer le bon état de fonctionnement du parc véhicules.
3. Assurer le bon fonctionnement des systèmes informatiques et de communication.

La gestion financière

1. Planifier et suivre rigoureusement la trésorerie de l'entreprise.
2. Effectuer régulièrement un contrôle de la solvabilité des clients.
3. Assurer la tenue régulière de la comptabilité.
4. Effectuer périodiquement un contrôle des coûts et des relations contractuelles.
5. Etablir les comptes annuels et effectuer une analyse financière (par ratios) accompagnée d'une planification fiscale.

Gestion des ressources humaines

1. Définition des postes et des compétences, des responsabilités liées et des performances escomptées.
2. Sélection et recrutement de personnes compétentes aux bons postes.
3. Favoriser la formation professionnelle continue.
4. Evaluer les performances et rémunérer en fonction des résultats de l'entreprise.

## 8 Le rating est un défi

Au moment de la publication de cet ouvrage, la Centrale des Bilans, contrairement à d'autres pays de l'Union européenne, fait toujours défaut au Luxembourg. En conséquence, la collecte des informations quantitatives pour établir une évaluation représente toujours une étape difficile pour les banques.

Simultanément, en l'absence d'un plan comptable minimal normalisé, il n'existe pas d'uniformité au niveau du schéma de présentation des comptes annuels, ce qui implique un deuxième traitement des chiffres au niveau des banques.

Finalement, la valeur d'un rating est fortement dépendante de la vitesse à laquelle les informations sont mises à disposition du banquier. Force est de constater qu'il existe toujours des réticences de la part de certains clients à communiquer à leur banquier toutes les nouvelles, qu'elles soient bonnes ou mauvaises.

## 9 Le rating est une opportunité pour tous les acteurs

Pour les banques, l'accord de Bâle II renforce l'adoption de bonnes pratiques de gestion des risques. Non seulement les banques amélioreront leurs propres performances, mais elles pourront également apporter une plus-value à leurs clients PME par le conseil, par leur fonction d'intermédiaire financier et par l'application des principes de bonne gestion des risques dans les PME.

Pour le dirigeant d'entreprise, un rating interne d'une banque déterminera les conditions d'octroi d'un crédit. Aucune banque, même si un dirigeant d'entreprise produit un rating externe, ne renoncera à son rating interne. Cependant, une bonne évaluation externe renforcera certainement la position du dirigeant d'entreprise dans la négociation avec la banque pour un financement.

En général, on peut conclure qu'un dossier de demande de financement doit:

1. Convaincre le banquier que la situation patrimoniale et financière de la société est saine et viable et que les perspectives de croissance futures sont bonnes.
2. Démontrer que le dirigeant d'entreprise dispose de compétences confirmées pour identifier les risques encourus et qu'il a mis en place les mesures nécessaires pour les mitiger.
3. Persuader le banquier que le risque lié au financement demandé est limité et qu'il bénéficie d'un rendement approprié.
4. Construire une relation transparente entre le dirigeant d'entreprise et le banquier sur base d'une confiance mutuelle.

## 10 Conseils pratiques pour améliorer le rating

Sans prétendre ni à l'exhaustivité de l'énumération qui suit, ni au caractère d'application universelle à toutes les activités économiques, nous avons fait l'expérience que les éléments suivants ont une influence positive sur le rating:

- diminuer la dépendance envers un nombre limité de clients,
- diminuer la dépendance envers un nombre limité de fournisseurs,
- le développement actif et l'extension des avantages concurrentiels,
- la différentiation par rapport à la concurrence,

- la gamme de produits diversifiée et des services de qualité,
- la formalisation écrite d'une stratégie et des objectifs,
- le développement d'un système de contrôle interne,
- les risques assurés,
- la succession réglée,
- la définition claire et nette des compétences et des droits de signature (conjointe) pour des engagements importants,
- la mise à disposition des comptes annuels aux banques endéans des délais raisonnables,
- le développement de relations durables avec les décideurs auprès de la banque,
- le respect des engagements auprès de la banque,
- informer la banque à temps de modifications importantes,
- le développement d'un business plan,
- le développement des ressources humaines en attirant du personnel compétent et en favorisant la formation professionnelle continue,
- etc.

## 11 Conseils pratiques dans le cadre d'un entretien avec les banques

1. N'entrez pas dans une réunion avec votre banquier sans être préparé de manière adéquate.
2. Abordez activement le sujet de Bâle II et du rating, c'est un sujet d'actualité aujourd'hui et il restera d'actualité dans l'avenir.
3. Démontrez la valeur de votre entreprise avec des explications simples.
4. Disposez d'une documentation exacte, complète et à jour.
5. Fournissez toujours les derniers chiffres disponibles.
6. Communiquez avec un expert fiscal pour évaluer la complétude et l'exactitude de votre dossier.
7. Ne cachez pas les risques, parlez-en à votre banque.
8. Expliquez la nécessité d'un financement en termes simples.
9. Discutez régulièrement le rating avec votre banque.
10. Tenue correcte. Ce n'est certainement pas l'élément décisif dans ce processus, mais il ne faut pas non plus le sous-estimer.

# Apprendre à ENTREPRENDRE

# 11

# La protection des personnes à l'égard du traitement des données à caractère personnel

## 1 Considérations générales et champ d'application

La loi du 2 août 2002 relative à la protection des personnes à l'égard du traitement des données à caractère personnel correspond à la transposition en droit luxembourgeois de la directive 95/46/CE du Parlement européen et du Conseil du 24 octobre 1995 et succède à la loi du 31 mars 1979 sur l'utilisation des données nominatives dans les traitements informatiques.

La transposition tardive de la directive européenne, de même qu'une application laxiste des anciennes dispositions légales en matière de protection de données depuis les années 1980, n'a pas été favorable à une prise de conscience générale des nouvelles obligations. Malgré les efforts de la Commission nationale pour la protection des données, force est de constater que beaucoup d'acteurs économiques ignorent toujours l'existence de cette loi et que de nombreux traitements de données sont toujours effectués sans avoir été notifiés ou autorisés.

L'article 1 de cette loi permet de deviner l'impact sur la vie privée et professionnelle que nous vivons dans la société de l'information aujourd'hui et définit l'objet comme suit:

«La présente loi protège les libertés et les droits fondamentaux des personnes physiques, notamment de leur vie privée, à l'égard du traitement des données à caractère personnel et fait respecter les intérêts légalement protégés des personnes morales.»

D'une manière simplifiée, la loi du 2 août 2002 est une réponse à la question: Comment peut-on protéger l'individu vis-à-vis de l'Etat, le consommateur vis-à-vis du professionnel et l'employé vis-à-vis de l'employeur?

Mais quelle est l'importance de cette loi pour un chef d'entreprise? Pour ce dernier, on pourrait qualifier cette loi comme une loi qui fonctionne dans les deux sens. D'abord, il est susceptible de communiquer des informations propres à lui et à son entreprise à une multitude d'organismes qui traitent ces informations pour des besoins déterminés. En même temps, il est susceptible de recevoir des informations de personnes tierces pour les traiter au sein de son entreprise.

S'il est vrai que l'évolution récente des technologies de l'informatique et de la communication rend l'exploitation des informations facile, il faut simultanément souligner que ces technologies sont devenues complexes à un tel point que des personnes non initiées sont incapables de garantir que ces informations ne fassent l'objet d'abus quelconques.

## 2 Exemples de communication de données personnelles

A titre d'illustration, un chef d'entreprise reçoit et/ou communique volontairement ou non des données personnelles par rapport:

- à son personnel (numéro de matricule, composition du ménage),
- aux banques (situation patrimoniale et financière de la société, utilisation de cartes de crédit),
- à l'Administration des Contributions Directes et à l'Administration de l'Enregistrement et des Domaines (déclarations fiscales),
- à l'Administration communale (autorisations, subsides),
- à un ministère de l'Etat (autorisations, subsides),
- au Centre Commun de la Sécurité Sociale,
- à la Caisse de Maladie (remboursement de l'indemnité pécuniaire).

Par ailleurs, la législation sur la protection des données personnelles s'étend également aux traitements de données à des fins de surveillance sur les lieux de travail et à la vidéosurveillance dans les lieux publics.

On remarque rapidement que les risques liés à un traitement (collecte, exploitation, transmission, stockage) inadéquat de données par des tiers sont importants. En conséquence, le traitement des données ne peut se faire sans restrictions et doit s'effectuer à l'intérieur d'un cadre légal proportionné par rapport aux besoins.

La loi du 2 août 2002 vise à établir la balance entre les intérêts des responsables des traitements de données et les libertés et droits fondamentaux des personnes concernées. Pour veiller à l'application de cette loi et de ses règlements d'exécution le législateur a prévu dans l'article 32 d'instituer une autorité de contrôle dénommée Commission nationale pour la protection des données, ci-après la CNPD.

## 3 Les notions essentielles de la loi

Avant de rentrer dans les modalités pratiques, il est important de passer en revue les notions essentielles prévues dans la loi du 2 août 2002:

*Donnée à caractère personnel* – Il s'agit de toute information de quelque nature qu'elle soit et indépendamment de son support, y compris le son et l'image, concernant une personne identifiée ou identifiable. Une personne physique ou morale est réputée identifiable si elle peut être identifiée, directement ou indirectement par référence à un numéro d'identification ou à un ou plusieurs éléments spécifiques, propres à son identité physique, physiologique, génétique, psychique, culturelle, sociale ou économique.

*Traitement de données à caractère personnel* – Toute opération ou ensemble d'opérations effectuées ou non à l'aide de procédés informatisés et appliquées à des données, telles que la collecte, l'enregistrement, l'organisation, la conservation, l'adaptation, la modification, l'extraction, la consultation, l'utilisation, la communication par transmission, la diffusion ou toute autre forme de mise à disposition, le rapprochement ou l'interconnexion ainsi que le verrouillage, l'effacement ou la destruction.

*Fichier de données à caractère personnel* – Tout ensemble structuré de données accessibles selon des critères déterminés, que cet ensemble soit centralisé, décentralisé ou réparti de manière fonctionnelle ou géographique.

*Responsable du traitement* – Il s'agit de la personne physique ou morale, l'autorité publique, le service ou tout autre organisme qui, seul ou conjointement avec d'autres, détermine les finalités et les moyens du traitement de données à caractère personnel.

*Sous-traitant* – La personne physique ou morale, l'autorité publique, le service ou tout autre organisme qui traite des données pour le compte du responsable du traitement.

*Interconnexion* – Toute forme de traitement qui consiste en la corrélation de données traitées pour une finalité avec des données traitées, pour des finalités identiques ou liées par un ou d'autres responsables du traitement.

*Consentement de la personne concernée* – Toute manifestation de volonté expresse, non équivoque, libre, spécifique et informée par laquelle la personne concernée ou son représentant légal, judiciaire ou statutaire accepte que les données à caractère personnel fassent l'objet d'un traitement.

## 4 Les différents types de notification

L'article 12 de la loi requiert que les traitements de données à caractère personnel fassent l'objet d'une notification préalable par le responsable du traitement auprès de la CNPD, à l'exception des traitements qui relèvent des dispositions prévues aux articles 8 (traitement de données judiciaires), 14 (traitements soumis à autorisation préalable par la Commission) et 17 (infractions pénales, défense et sûreté de l'Etat).

La notification est effectuée par le biais de formulaires standardisés, mis à disposition par la CNPD, et soumise à une redevance. A titre d'information, il existe cinq types de notifications distinctes:

1. La notification simplifiée.
2. La notification ordinaire.
3. La notification d'un traitement dans le cadre de la libre expression.
4. La notification de modification d'un traitement.
5. La notification de fin d'un traitement.

Dans le cadre de cet ouvrage, nous nous limiterons à passer en revue la notification simplifiée et la notification ordinaire.

La notification simplifiée concerne les traitements qui ne sont pas susceptibles de porter atteinte aux libertés et aux droits fondamentaux des personnes concernées.

Par élimination, la notification ordinaire est de règle dans tous les cas où une notification simplifiée n'est pas applicable.

Les formulaires et documents explicatifs (guide et lexique) peuvent facilement être téléchargés sur le site Internet www.cnpd.lu de la CNPD.

L'introduction auprès de la CNPD d'une notification sous forme de papier est obligatoire. La notification imprimée doit obligatoirement être datée et signée. L'introduction auprès de la CNPD d'une notification par voie électronique représente un complément non obligatoire par rapport à la version papier et donne droit à une réduction de redevance.

La CNPD accusera réception de la notification lorsque le dossier est valide.

## 5 Les droits des personnes concernées par le traitement de leurs données

Dans les environnements professionnels fortement informatisés, la loi poursuit l'objectif de garantir la transparence relative au traitement des données et accorde des droits bien définis aux personnes concernées par le traitement.

*Le droit à l'information* – Au moment de la collecte, la personne concernée doit être informée des finalités pour lesquelles les données personnelles sont utilisées et de l'identité du responsable du traitement. Le même droit à l'information incombe à celui qui traite les données personnelles et qui les transmet à des tiers.

*Le droit d'accès* – La personne concernée a le droit d'obtenir la communication des informations traitées par un responsable et de réclamer la modification ou encore la suppression d'informations inexactes.

*Le droit d'opposition* – Toute personne concernée a le droit de s'opposer au traitement de ses données à caractère personnel sans devoir fournir aucune justification.

*Le droit d'information sur les processus de décision automatisés* – Dans le cas où des données à caractère personnel font l'objet d'un traitement automatisé par ordinateur, la personne concernée a le droit d'être informée sur la logique du processus de décision.

Le non-respect de ces droits est sanctionné pénalement et la personne concernée peut faire valoir ses droits en agissant soit directement, soit par l'intermédiaire de la CNPD.

## 6 Les obligations du responsable du traitement

Dans l'exécution de ses fonctions et le simple fait d'avoir connaissance d'informations de toute nature, le responsable du traitement est en mesure de pouvoir exercer une certaine forme de pouvoir sur la personne dont il traite les données à caractère personnel. La loi a pour objectif d'imposer des obligations au responsable du traitement de manière à éviter toute forme d'abus.

*Licéité du traitement* – Le responsable du traitement doit s'assurer que les données sont traitées loyalement et licitement. Les données sont collectées pour des finalités déterminées et explicites et ne sont pas traitées ultérieurement de manière incompatible avec ces finalités. De plus, les données doivent être exactes et, si nécessaire, mises à jour.

*Légitimité du traitement* – Le traitement de données ne peut être effectué que si:

1. Il est nécessaire au respect d'une obligation légale à laquelle le responsable du traitement est soumis.
2. Il est nécessaire à l'exécution d'une mission d'intérêt public ou relevant de l'exercice de l'autorité publique dont est investi le responsable du traitement.
3. Il est nécessaire à l'exécution d'un contrat auquel la personne concernée est partie ou à l'exécution de mesures pré-contractuelles prises à la demande de celle-ci.
4. Il est nécessaire à la sauvegarde de l'intérêt vital de la personne concernée.
5. La personne concernée a donné son consentement.

*Déclaration préalable du traitement de données* – Tous les traitements de données soumis à la loi doivent être déclarés avant leur mise en œuvre, à l'exception de ceux visés aux articles 8 (traitement de données judiciaires) et 17 (traitement de données dans le domaine pénal, la sûreté et la défense de l'Etat, la sécurité publique).

*Sécurité du traitement de données* – Le responsable du traitement doit se doter d'une infrastructure technique et organisationnelle appropriée pour assurer un traitement des données dans le respect des dispositions de la loi.

*Respect des droits de la personne concernée par un traitement* – Le responsable du traitement a l'obligation de respecter les droits fondamentaux des personnes concernées pour limiter le risque d'atteinte à leur vie privée. Les droits des personnes concernées par le traitement de leurs données ont été traités ci-dessus.

## 7 Sanctions pénales et administratives

La majorité des dispositions de cette loi, et plus particulièrement celles relatives à la violation des droits des personnes concernées par le traitement de données et le non-respect des obligations du responsable du traitement, est assortie de sanctions pénales. Ces sanctions peuvent prendre la forme d'une amende de 251 à 125.000 EUR et/ou une peine de prison de huit jours à un an, ou encore la cessation du traitement sous peine d'astreinte.

De plus, le législateur a pris soin de doter la CNPD d'un certain nombre de pouvoirs que celle-ci peut exercer dans le cadre de sa mission de contrôle et de surveillance.

En vertu de l'article 33 de la loi, la CNPD peut prendre les sanctions disciplinaires suivantes:

1. Avertir ou admonester le responsable du traitement ayant violé les obligations imposées par la loi.
2. Verrouiller, effacer ou détruire des données faisant l'objet d'un traitement contraire aux dispositions de la loi ou de ses règlements d'exécution.
3. Interdire temporairement ou définitivement un traitement contraire aux dispositions de la loi ou de ses règlements d'exécution.
4. Ordonner l'insertion intégrale ou par extraits de la décision d'interdiction par la voie des journaux ou de toute autre manière, aux frais de la personne sanctionnée.

## 8 Le registre public des traitements

Les articles 15 (1) et 32 (3) (c) de la loi imposent la tenue d'un registre public des traitements (triés par ordre alphabétique) par la CNPD. Ce registre est accessible gratuitement par l'intermédiaire du site Internet de la CNPD et permet de vérifier si le traitement des données à caractère personnel d'une personne concernée par un responsable du traitement a été déclaré auprès de la CNPD.

Dans ce registre figurent:

1. Les traitements notifiés à la CNPD en vertu de la loi.
2. Les traitements autorisés par la CNPD en vertu de la loi.
3. Les traitements surveillés par le chargé de la protection des données et transmis à la CNPD en vertu de la loi.

Cependant, la publication de certaines informations sur le registre public peut représenter à son tour une violation du secret professionnel d'un responsable du traitement. En conséquence, ce dernier peut demander à la CNPD de limiter la publication lorsqu'une telle mesure est nécessaire pour diminuer le risque d'accès à ces informations par des personnes non autorisées.

# 12

# La responsabilité du dirigeant de société

## 1 Considérations générales et sources de droit

Face à une complexité croissante et une réglementation accrue des interactions entre les sociétés d'un côté et leurs multiples interlocuteurs (investisseurs, clients, fournisseurs, banques, ministères et administrations, etc.) de l'autre, les personnes désireuses de s'engager comme dirigeants, associés ou non, dans la voie d'une constitution ou encore d'une reprise de société, doivent se rendre compte des risques qu'elles sont susceptibles d'encourir au cours de leur mandat.

En effet, bien que la société représente une entité juridique distincte de celle des personnes qui la composent, celle-ci agit par l'intermédiaire de ses organes. Parmi les organes prévus par la loi, outre l'assemblée générale, on peut énumérer le Conseil d'administration dans le cas d'une S.A., le(s) gérants(s) dans le cas d'une SARL et le délégué à la gestion journalière. En dehors de ces mandats statutaires, on peut également identifier les dirigeants de fait et ceux qui agissent sur base d'une délégation de pouvoir.

Ces mandataires exercent un pouvoir non négligeable parce qu'ils peuvent accomplir tous les actes nécessaires et/ou utiles à la réalisation de l'objet social de la société à l'exception de ceux que la loi réserve à l'assemblée générale. En conséquence, les mandataires doivent agir dans l'intérêt de la société. Le cas échéant, ils engagent leur responsabilité.

Les sources de droit en matière de responsabilité des dirigeants sont multiples. Ce chapitre se limitera à exposer les dispositions légales les plus courantes en cette matière et dont les principales sources sont les suivantes:

- le droit commercial (la loi du 10 août 1915 concernant les sociétés commerciales (telle qu'elle a été modifiée)),
- le Code Civil (articles 1382 et 1384),
- le droit fiscal,
- le droit social,
- le droit de la faillite.

## 2 Définitions de la responsabilité

Comment peut-on définir la responsabilité? Le Petit Larousse fournit les explications suivantes:

*Responsabilité civile* – Obligation de réparer le préjudice causé à autrui par l'inexécution d'un contrat ou toute action dommageable commise par soi-même, par une personne qui dépend de soi, ou par une chose qu'on a sous sa garde.

*Responsabilité pénale* – Obligation pour une personne morale ou physique de supporter la peine prévue pour l'infraction qu'elle a commise.

## 3 Pour quelles fautes commises pendant la vie sociale, le dirigeant de société engage-t-il sa responsabilité?

### 3.a) La violation des statuts ou des lois sur les sociétés commerciales

L'article 59 al. 2 de la loi du 10 août 1915 prévoit l'action en responsabilité dans le cas de violation des statuts de la société ou des lois sur les sociétés commerciales.

Cette action peut être mise en œuvre par la société et/ou les tiers contre les dirigeants qui sont tenus solidairement responsable des dommages résultant d'infractions aux dispositions statutaires et légales.

Pour échapper à leur responsabilité, il appartient aux dirigeants qui n'ont pas pris part à la violation invoquée de prouver qu'aucune faute ne leur est imputable et qu'ils ont informé les actionnaires dès qu'ils ont eu connaissance de la faute.

Voici une liste non exhaustive des cas qui constituent des exemples de violation des statuts ou des lois sur les sociétés commerciales:

- poursuivre une activité économique étrangère à l'objet social de la société,
- participation d'un administrateur dans une délibération dans laquelle il a un intérêt opposé à celui de la société,
- agir au-delà des règles statutaires relatives à la nomination et à la révocation d'un administrateur délégué,

- omission de publier la démission et/ou la nomination des administrateurs,
- violation des dispositions légales relatives à l'établissement et au dépôt des comptes annuels,
- refus d'accorder au commissaire aux comptes l'accès aux informations qu'il est en droit de consulter dans le cadre de son contrôle,
- défaut de convocation de l'assemblée générale en cas de perte de plus de la moitié du capital social,
- absence de tenue du registre des actions nominatives au siège de la société.

### 3.b) **La faute de gestion**

Les articles 59 al. 1 et 192 de la loi du 10 août 1915 prévoient l'action en responsabilité pour la faute commise dans la gestion de la société.

Dans le cadre de son mandat, le dirigeant assume une obligation de bonne gestion. En conséquence, c'est le manquement à la bonne gestion qui constitue la faute pouvant être à la source d'une mise en cause par l'assemblée générale.

Contrairement à la responsabilité en matière de violation des statuts ou des lois sur les sociétés commerciales, la charge de la preuve est renversée et incombe au demandeur en responsabilité. Trois conditions doivent être remplies simultanément: il doit y avoir une faute de gestion, un dommage subi par la société et un lien de causalité entre les deux.

Voici une liste non exhaustive des cas qui constituent des exemples d'une faute de gestion:

- négliger le suivi de la gestion journalière,
- faire prévaloir son propre intérêt à celui de la société,
- être absent aux réunions du Conseil d'administration et de l'assemblée générale,
- omettre de contracter des assurances professionnelles,
- consentir des crédits à des clients insolvables,
- omettre de poursuivre les débiteurs de la société avec la diligence nécessaire,
- conclure des contrats à des conditions défavorables pour la société,
- effectuer des investissements et placements risqués.

### 3.c) La responsabilité suivant les articles 1382, 1383 et 1384 du Code Civil

*Article 1382:* Tout fait quelconque de l'homme, qui cause à autrui un dommage, oblige celui par la faute duquel il est arrivé, à le réparer. – responsabilité délictuelle

*Article 1383:* Chacun est responsable du dommage qu'il a causé non seulement par son fait, mais encore par sa négligence ou par son imprudence. – responsabilité quasi-délictuelle

*Article 1384:* On est responsable non seulement du dommage que l'on cause par son propre fait, mais encore de celui qui est causé par le fait des personnes dont on doit répondre, ou des choses que l'on a sous sa garde. – responsabilité délictuelle

En cas de faute commise par le dirigeant, la victime peut agir contre ce dernier personnellement et demander réparation du préjudice sur base des articles 1382 et 1383.

La mise en cause de la société pour la faute commise par son dirigeant est invoquée par la victime sur base de l'article 1384. En effet, suivant cette disposition, le commettant (une société) est responsable pour les dommages causés par son préposé (un dirigeant) dans les fonctions auxquelles il est employé. Souvent, la société se retourne ensuite contre son dirigeant pour réclamer le remboursement du préjudice réparé.

La charge de la preuve incombe au demandeur en responsabilité et la mise en œuvre suppose l'existence simultanée des éléments suivants:

1. Une faute de la part du dirigeant social.
2. Un préjudice causé à la victime.
3. Un lien de causalité entre la faute et le préjudice.

## 4 La responsabilité pénale

Contrairement au domaine de la responsabilité civile, c'est le principe de l'irresponsabilité pénale des personnes morales qui est applicable en matière de droit pénal. En conséquence, les administrateurs ou le gérant sont personnellement responsables des infractions pénales commises par eux au cours de leur mandat.

La loi du 10 août 1915 concernant les sociétés commerciales (telle qu'elle a été modifiée) prévoit entre autres les infractions pénales suivantes:

1. *L'abus de biens sociaux* – suivant l'article 171-1, sont punis d'une peine d'emprisonnement et/ou d'une amende, les dirigeants d'entreprise qui, de mauvaise foi, font des biens ou du crédit de la société un usage qu'ils savent contraire à l'intérêt de celle-ci, que ce soit à des fins personnelles ou pour favoriser une autre société dans laquelle ils détiennent un intérêt,
2. *L'abus de pouvoirs et de voix* – suivant le même article, sont punis d'une peine d'emprisonnement et/ou d'une amende, les dirigeants d'entreprise qui, de mauvaise foi, font des pouvoirs qu'ils possèdent ou des voix dont ils disposent, un usage qu'ils savent contraire à l'intérêt de celle-ci, que ce soit à des fins personnelles ou pour favoriser une autre société dans laquelle ils détiennent un intérêt,
3. *La non-présentation des comptes annuels et le défaut de convocation de l'assemblée générale* – suivant l'article 163, sont punis d'une amende les administrateurs ou le gérant qui n'ont pas convoqué l'Assemblée générale endéans les délais requis, pour lui soumettre les comptes annuels.
4. *Le faux* – suivant l'article 169, sont punis de la réclusion et d'une amende, les personnes qui commettent un faux dans les comptes annuels, avec une intention frauduleuse.

## 5 La responsabilité à l'égard des administrations fiscales

Les recettes de l'Etat luxembourgeois sont principalement constituées par les impôts directs et indirects. Au vu des contraintes budgétaires, l'Etat a intérêt à s'assurer à ce que les contribuables (selon l'Administration des Contributions Directes) et assujettis (selon l'Administration de l'Enregistrement et des Domaines) établissent les déclarations fiscales obligatoires et s'acquittent de leur dette fiscale endéans les délais prescrits. Le cas échéant, les représentants des personnes morales engagent leur responsabilité et peuvent faire l'objet de sanctions.

En matière fiscale, le législateur considère que l'existence d'une faute est nécessaire pour engager la responsabilité du dirigeant par rapport à l'administration fiscale. La philosophie est donc similaire à celle du domaine civil et pénal.

Plus particulièrement, les articles 103 et suivants de la loi générale des impôts définissent la faute en matière fiscale comme l'insuffisance d'impôt. En effet, un dirigeant a l'obligation d'établir des déclarations exactes et complètes et de s'acquitter des impôts tout en respectant les délais. Le manquement à cette obligation constitue donc une faute dans le chef du dirigeant et un préjudice à l'administration fiscale.

## 6 La responsabilité à l'égard du Centre Commun de la Sécurité Sociale

Toute société qui emploie du personnel est dans l'obligation d'effectuer:

1. *une déclaration d'exploitation* – c'est-à-dire, une communication écrite des coordonnées de la société au CCSS,
2. *une déclaration d'entrée pour chaque salarié(é)* – c'est-à-dire, une communication écrite des coordonnées d'un(e) salarié(e) au CCSS au moment de l'entrée en service. Le dirigeant doit également communiquer une déclaration de sortie au CCSS au moment où un(e) salarié(e) quitte son entreprise.

Ensuite, avec l'établissement des fiches de salaire, chaque employeur détermine mensuellement la part patronale et la part salariale en matière de cotisations sociales et doit s'en acquitter, la part salariale étant retenue à la source. Dans le cas où un dirigeant omet de payer les cotisations sociales dues, le CCSS peut recourir à un recouvrement forcé des montants au moyen d'une contrainte notifiée par lettre recommandée.

Pour permettre au CCSS de calculer les cotisations sociales de manière exacte, chaque employeur est obligé de communiquer au CCSS toutes les rémunérations brutes par l'intermédiaire du Système Normalisé de Communication des Salaires (SNOCS).

La législation en matière de sécurité sociale sanctionne pénalement les dirigeants qui ne respectent pas ces obligations et/ou qui fournissent des données inexactes au CCSS. Les conséquences d'un manquement à ces obligations sont faciles à illustrer, comme par exemple:

1. Le fait de ne pas déclarer un(e) salarié(e) au CCSS permet à l'employeur de se soustraire au paiement des cotisations sociales.
2. Le fait de ne pas déclarer un(e) salarié(e) au CCSS exclut un(e) salarié(e) de bénéficier des prestations médicales nécessaires et remboursées par le CCSS.
3. Le fait de communiquer des données chiffrées inexactes influence le calcul de la pension à laquelle un(e) salarié(e) peut prétendre au moment de la retraite.

## 7 La responsabilité en cas de faillite

La faillite d'une société n'engage pas automatiquement la responsabilité de son dirigeant étant donné que celui-ci n'engage aucune obligation personnelle par rapport aux engagements de la société.

Cependant, cette protection n'est pas absolue parce que certains comportements fautifs de la part d'un dirigeant d'une société déclarée en état de faillite sont susceptibles d'être sanctionnés comme suit:

1. *Interdiction d'exercer une activité commerciale, un mandat d'administrateur ou de gérant* – suivant les dispositions du Code de Commerce, le tribunal d'arrondissement siégeant en matière commerciale, peut prononcer une interdiction d'exercer directement ou indirectement une activité commerciale ou encore un mandat d'administrateur ou de gérant à l'encontre d'un dirigeant d'une société déclarée en état de faillite. Encore faut-il que le dirigeant ait commis une faute grave et que celle-ci soit à la source de la faillite. Une telle interdiction professionnelle est mentionnée au Registre de Commerce et des Sociétés.
2. *Extension de la faillite au dirigeant de la société* – le Code de Commerce dispose que la faillite d'une société peut être étendue à un dirigeant dans son propre chef s'il est prouvé que ce dernier a fait des actes de commerce dans un intérêt personnel mais sous le couvert de la société, qu'il a disposé des biens sociaux comme de ses propres biens ou qu'il a poursuivi de manière abusive et dans son intérêt personnel une exploitation déficitaire qui devait nécessairement conduire à la faillite.
3. *L'action en comblement de passif* – à la requête du curateur, le tribunal d'arrondissement siégeant en matière commerciale, peut décider que les dettes doivent être supportées par le dirigeant, lorsque la faillite fait apparaître une insuffisance d'actif. Pour que cette décision soit applicable, il faut que le dirigeant ait commis une faute grave ayant déclenché la faillite.

## 8 Conseils pratiques pour se protéger en matière de responsabilité

Les dirigeants de sociétés disposent de plusieurs moyens pour se protéger contre les conséquences liées à leurs responsabilités sur le plan civil et pénal.

*La décharge pour l'exercice du mandat* – C'est surtout au moment de l'approbation des comptes annuels que l'assemblée générale donne décharge au Conseil d'administration, respectivement au gérant, pour l'exercice de son mandat. Suite à cette décharge, l'action en responsabilité ne pourra pas être engagée. Cette décharge n'est valable que si les comptes annuels ne contiennent ni omission, ni indication fausse de manière à ne pas refléter une image fidèle du patrimoine et de la situation financière de la société.

*La renonciation à l'action en responsabilité* – Le dirigeant ne verra pas non plus sa responsabilité engagée si la société renonce à cette action à condition que cette renonciation ne se fasse frauduleusement à l'égard d'un créancier ou si la société transige à condition que l'assemblée générale ait connaissance de l'envergure de la responsabilité des dirigeants.

*L'assurance professionnelle* – Les dirigeants de société peuvent conclure une police d'assurance spécifique à l'exercice de leur mandat et en cas de faute commise dans leur gestion. Cependant, il est évident que l'assurance ne couvre pas les fautes commises de manière intentionnelle.

# Apprendre à ENTREPRENDRE

# 13

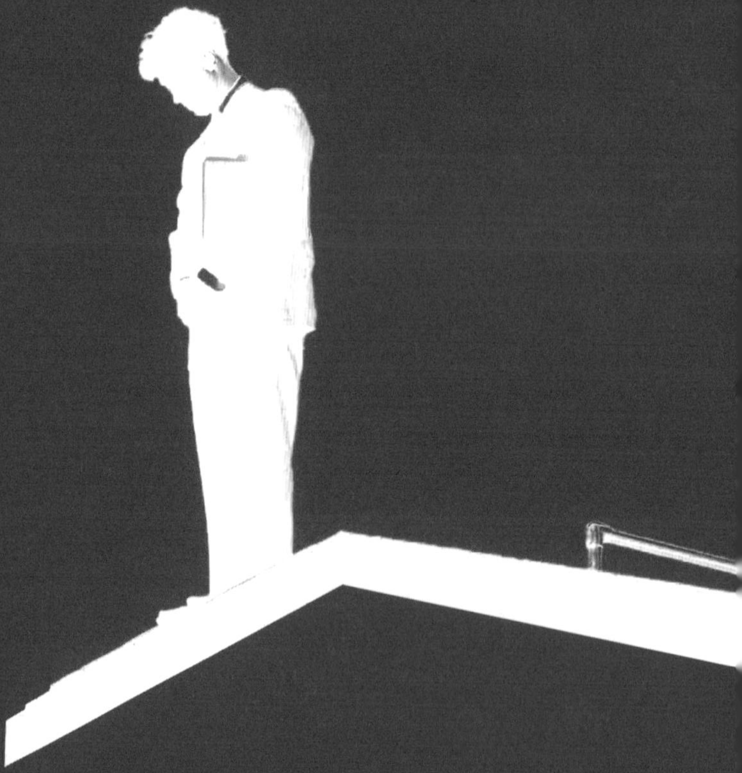

# Le phénomène des faillites au Luxembourg

Dans son ouvrage qui traite de l'avenir de l'économie mondiale, Lester Thurow, professeur en Sciences économiques au MIT, compare l'économie capitaliste à une loterie. La récompense pour les entrepreneurs ayant des projets innovants peut être énorme. L'économie capitaliste a cependant besoin d'un nombre important d'entrepreneurs qui ne peuvent pas tous réussir en même temps et dans les mêmes branches.

En conséquence, la défaillance d'entreprise est un phénomène normal, même inévitable dans une économie de marché. L'esprit d'entreprise englobe l'acceptation du risque de faillite et il est nécessaire à la croissance, à la diversification économique et à la création d'emplois. La faillite est un mécanisme régulateur de l'économie de marché qui redistribue les facteurs de production vers de nouvelles entreprises.

## 1 Evolution du nombre des faillites et les secteurs concernés

Ces considérations macroéconomiques sont une réalité mais ne constituent certainement pas la première préoccupation d'un entrepreneur au Luxembourg.

Depuis les années 1990, le développement du nombre des faillites au Luxembourg est inquiétant. En 1995, on comptait 320 faillites au Grand-Duché et ce chiffre a augmenté de manière constante jusqu'à atteindre un triste record de 750 faillites en 2001. Depuis, le nombre des faillites est légèrement en recul mais la situation reste préoccupante. Néanmoins, il faut aussi noter que le nombre de nouvelles constitutions de sociétés est également en hausse.

Les secteurs principalement concernés et l'évolution du nombre de faillites ressortent du tableau ci-joint:

| | NACE Rév. 1 | 1990 | 1995 | 2000 | 2001 | 2002 | 2003 | 2004 | 2005 |
|---|---|---|---|---|---|---|---|---|---|
| 01-05 | Agriculture | 0 | 2 | 5 | 6 | 3 | 3 | 2 | 4 |
| 10-41 | Industrie | 8 | 12 | 19 | 27 | 24 | 16 | 21 | 23 |
| 45 | Bâtiment | 6 | 40 | 64 | 81 | 82 | 88 | 78 | 90 |
| 50 | Commerce et répar. autom. | 7 | 11 | 38 | 43 | 41 | 35 | 24 | 29 |
| 51 | Commerce de gros | 14 | 49 | 144 | 191 | 150 | 136 | 131 | 118 |
| 52 | Commerce de détail | 12 | 54 | 72 | 69 | 80 | 78 | 66 | 75 |
| 55 | Horeca | 19 | 54 | 67 | 55 | 54 | 66 | 94 | 92 |
| 60-64 | Transport et communication | 11 | 17 | 21 | 50 | 47 | 40 | 36 | 24 |
| 65-67 | Activités financières | 2 | 19 | 34 | 36 | 39 | 37 | 42 | 59 |
| | dont soc. Holding | 1 | 13 | 7 | 5 | 7 | 7 | 8 | 2 |
| 70-74 | Immobilier, location et serv. aux entreprises | 20 | 50 | 102 | 160 | 144 | 137 | 148 | 136 |
| 80-95 | Autres services | 3 | 10 | 23 | 28 | 16 | 17 | 21 | 24 |
| | N.d.a. | 0 | 2 | 4 | 4 | 1 | 0 | 2 | 1 |
| **Total** | | **102** | **320** | **593** | **750** | **681** | **653** | **665** | **675** |

*Source: STATEC*

Pour éviter tout malentendu, nous aimerions souligner qu'il est nécessaire de nuancer cette analyse chiffrée et de faire la distinction entre un failli de bonne foi et celui qui est à la source d'une faillite frauduleuse. En effet, des entreprises exerçant une activité réelle et employant des travailleurs peuvent se retrouver en difficultés financières pour des raisons indépendantes de leur volonté alors qu'un failli malhonnête prend soin de vider préalablement la société de tous ses actifs. La faillite frauduleuse ne fait pas l'objet d'une analyse dans ce contexte.

## 2 Les sources de la faillite

Force est de constater qu'un nombre important des faillites intervient dans les six premières années d'existence de l'entreprise. En effet, les premières années qui suivent la constitution de l'entreprise sont marquées par la nécessité de s'établir sur le marché, d'acquérir une clientèle et d'atteindre un niveau de qualité du produit ou des prestations de services suffisamment important pour supporter l'activité.

Analysons plus en détail quelques raisons qui peuvent être à la source de la faillite:

1. Insuffisance ou sous-capitalisation de l'entreprise.
2. Rupture de paiement. La trésorerie d'une entreprise en phase de démarrage constitue l'élément-clé et doit être suivie avec rigueur. En l'absence de garanties, les achats de matières premières et de fournitures doivent se faire endéans des délais de paiement très serrés ou encore au comptant, alors que les clients négocient des délais de paiement non négligeables. Le risque de se trouver en rupture de paiement est important.
3. Culture du mauvais payeur. Contrairement au point énoncé ci-dessus, il s'agit dans ce cas de personnes qui n'ont pas la volonté de respecter les conditions de paiement et qui retardent le paiement des factures dues ou ne paient pas du tout.
4. Inadéquation entre les moyens propres d'une entreprise et ses besoins de financement à un moment donné.
5. Manque de qualification ou d'expérience professionnelle du dirigeant d'entreprise.
6. Manque d'implication de la part du dirigeant d'entreprise dans la gestion journalière de la société.
7. La faillite planifiée. Elle consiste à réaliser les actifs de la société lorsque celle-ci semble se diriger vers une faillite. La faillite planifiée n'est pas à confondre avec la faillite frauduleuse.

## 3 Contre-mesures

Face à cette panoplie de sources potentielles de faillite, il est nécessaire de souligner un certain nombre de considérations de même que des efforts qui ont été faits sur le plan législatif ces dernières années.

En date du 20 mai 2003, le ministre de la Justice a déposé à la Chambre des Députés le projet de loi portant des mesures ponctuelles en matière de prévention des faillites et de lutte contre les faillites organisées. Les principales mesures du projet de loi étaient les suivantes:

1. Augmentation du capital social minimum des S.A. (de 31.000 EUR à 70.000 EUR) et des SARL (de 12.500 EUR à 25.000 EUR).
2. Obligation de reconstituer le capital social à concurrence du capital minimum en cas de pertes qui entament le capital jusque sous le capital social.
3. Obligation de faire dresser un rapport en cas d'apports en nature pour les SARL.
4. Obligation de soumettre un plan de financement certifié par un réviseur d'entreprises, un expert-comptable ou les chambres professionnelles en annexe à toute demande d'établissement.
5. Interdiction des avances aux actionnaires.
6. Responsabilité du postulant d'une autorisation d'établissement au cas où le capital était manifestement insuffisant pour assurer l'activité normale dans les deux premières années de la constitution.

Malgré certains éléments positifs, ce projet de loi n'a pas pu passer le vote à la Chambre des Députés et à la date de publication de cet ouvrage, les suites à donner à ce projet restent incertaines.

Il est vrai qu'une faillite qui intervient endéans les cinq premières années à partir de la constitution ne s'explique pas forcément par une insuffisance de fonds propres. Signalons que toutes les entreprises n'ont pas les mêmes besoins en capital, ni au moment de la constitution, ni à des stades ultérieurs de leur activité.

Ainsi, augmenter, sans distinction, le capital minimal d'une société est une solution peu adéquate par rapport au problème des faillites. En France par exemple, le capital minimum pour la constitution d'une SARL peut se faire à l'Euro symbolique, tandis que dans les pays anglo-saxons, il n'existe pratiquement plus de capital minimal pour tous les types de sociétés.

Néanmoins, cet exercice a le mérite d'avoir suscité une prise de conscience de la part du législateur qu'un certain nombre des dispositions légales en matière de droit commercial sont devenues obsolètes et nécessitent une refonte.

Entre-temps, d'autres efforts ont abouti sur le plan législatif. En effet, suivant les statistiques de la Commission européenne, le non-respect des délais de paiement est à l'origine d'un quart des insolvabilités des PME. La loi du 18 avril 2004 relative aux délais de paiement et intérêts de retard est le résultat de la transposition de la directive européenne visant à combattre les retards de paiement dans le cadre des transactions commerciales.

De même, la réforme du droit d'établissement par le biais de la loi du 9 juillet 2004, modifiant la loi modifiée du 28 décembre 1988 réglementant l'accès aux professions d'artisan, de commerçant, d'industriel ainsi qu'à certaines professions libérales, a mis en place un certain nombre de critères relatifs aux qualifications des personnes qui demandent le droit d'établissement pour l'exercice de leur activité.

## 4 Quelques idées à creuser

Il existe un certain nombre d'idées qui circulent dans les milieux professionnels et politiques au Luxembourg et qui ont pour objectif d'apporter un support aux entreprises en difficulté. Il va sans dire que la mise en œuvre de ces idées nécessite du courage politique de la part du législateur, une refonte des structures administratives des institutions étatiques et un changement de mentalité dans le chef des entreprises. Sans prétendre à l'exhaustivité de la liste, nous nous permettons d'énumérer les idées les plus courantes:

1. *Système de pré-alerte* – Les déchets en matière de TVA et de sécurité sociale sont importants en cas d'insolvabilité et de faillite des sociétés. Dans le chapitre relatif à la responsabilité du dirigeant, nous avons analysé les obligations de ce dernier envers ces administrations. En conséquence, le Centre Commun de la Sécurité Sociale et l'Administration de l'Enregistrement et des Domaines devaient en principe être les premières instances à remarquer des difficultés d'une entreprise à honorer ses obligations de déclaration et de paiement. En conséquence, il faudrait se demander si ces administrations ne devraient pas en informer le tribunal d'arrondissement, siégeant en matière commerciale, en signalant un risque potentiel d'insolvabilité future. Au lieu de recourir à un recouvrement forcé des montants dus et sous le couvert des hypothèques occultes dont disposent ces administrations, cette démarche pourrait déclencher un système de pré-alerte qui permettrait aux dirigeants responsables de bénéficier d'un coaching adéquat par des professionnels.
2. *Turnaround management* – Dans le même ordre d'idées, on peut se poser la question de l'utilité d'un turnaround management qui implique une mise en question fondamentale des structures administratives, commerciales et financières de la société en

difficulté par le biais de la mise en fonction temporaire d'un professionnel externe à la société avec mandat de redresser la situation.

3. *Chapter XI* – A l'instar des Etats-Unis, l'application de Chapter XI protège les entreprises en difficulté car l'objectif n'est pas de liquider la société mais de tenter de la redresser. Il s'agit là d'un changement fondamental de mentalité qui devrait se développer en Europe.
4. *La compensation fiscale* – L'une des causes des difficultés des entreprises peut être leur impossibilité de faire face à leurs obligations fiscales envers l'Etat, tandis que ce dernier est encore redevable de remboursements envers le contribuable. La compensation automatique entre les dettes et les créances en matière fiscale directe et indirecte devrait jouer si les administrations fiscales ne sont pas en mesure d'effectuer des remboursements endéans des délais raisonnables. A plusieurs occasions, les organisations patronales et le Conseil Economique et Social ont formulé le principe de la compensation fiscale dans leur avis intitulé «l'évolution économique, sociale, et financière du pays de 2003».

# Apprendre à ENTREPRENDRE

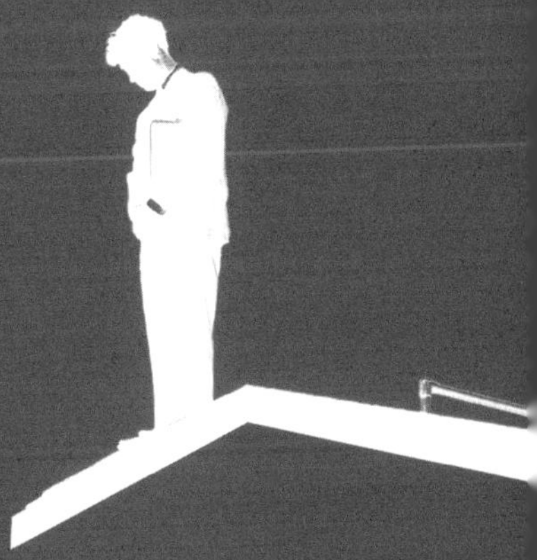

14

# Conclusion

A la base de chaque projet d'entreprise, il existe une vision qui se situe en amont de toutes les démarches juridiques, comptables, fiscales et administratives, telles que décrites dans cet ouvrage.

Certes, il existe un nombre important d'initiatives au Luxembourg qui tendent à encourager l'esprit d'entrepreneur ou encore la réalisation d'idées à caractère novateur dans les entreprises existantes. Cependant, nous souhaitons souligner que ces initiatives, lancées par le secteur public ou le secteur privé, ne peuvent que faciliter la mise en œuvre du projet d'entreprise qui en résulte. L'originalité, les compétences techniques et la capacité de pénétrer le marché potentiel demeurent primordiales dans la réussite de tout projet d'entreprise.

Dans cet ouvrage, nous avons traité successivement les étapes les plus importantes qu'une entreprise rencontre au cours de son activité et ceci depuis sa création. En conséquence, les sujets traités forment un cadre à l'intérieur duquel la vision d'un dirigeant d'entreprise peut se développer tout en suivant une certaine logique.

Cependant, il serait fallacieux de considérer cette logique comme une clé du succès des projets d'entreprise. A l'instar de la réserve que nous avons émise lors de l'introduction à cet ouvrage, nous sommes convaincus que la capacité de chaque entrepreneur de s'adapter à son environnement est un élément de différentiation majeur par rapport à la concurrence. En revanche, cet ouvrage peut être consulté pour trouver des réponses à des questions ponctuelles qui touchent à ce domaine.

Finalement, nous souhaitons signaler que cet ouvrage ne s'adresse pas exclusivement aux jeunes entrepreneurs désireux de créer leur propre entreprise. Certaines parties de cet ouvrage s'adressent également aux jeunes entrepreneurs désireux de reprendre une entreprise existante.

En effet, il existe au Luxembourg des estimations selon lesquelles plus d'un milliers d'entreprises changeront de propriétaire dans les années à venir. Dans la majorité des cas, ces transferts iront de pair avec une analyse détaillée de chaque entreprise, suivie d'un financement par un établissement de crédit pour l'acquisition des parts sociales ou encore des actions par les repreneurs. Les éléments mis en évidence dans la partie qui traite de l'impact des critères de Bâle II s'avèrent particulièrement utiles dans ce contexte.

# 15

Goals/Notes
Ziele/Anmerkungen
Objectifs/Notes
Obiettivi/Note
Objetos/Notas
AB
CDE
FGH
EXPENSES
GOALS

# Liste des adresses utiles

- **Administration des Contributions Directes**

  www.impotsdirects.public.lu

  45, boulevard Roosevelt
  L-2982 Luxembourg
  Tél.: 40 80 01

- **Administration de l'Emploi**

  www.adem.lu

  10, rue Bender
  L-1229 Luxembourg
  Tél.: 478 53 00 Fax: 40 61 40

- **Administration des Douanes et Accises**

  www.do.etat.lu

  B.P. 1605
  L-1016 Luxembourg
  Tél.: 29 01 91 1 Fax: 49 87 90

- **Administration de l'Enregistrement et des Domaines**

  www.aed.public.lu

  B.P. 31
  1-3, avenue Guillaume
  L-2010 Luxembourg
  Tél.: 44 90 51 Fax: 45 42 98

# 15

- **Banque Centrale Européenne**

  www.ecb.int

- **Chambre de Commerce**

  www.cc.lu

  7, rue Alcide de Gasperi
  L-2981 Luxembourg
  Tél.: 42 39 39 1 Fax: 43 83 26

- **Chambre des Métiers du Grand-Duché de Luxembourg**

  www.chambre-des-metiers.lu

  2, circuit de la Foire Internationale
  B.P. 1604
  L-1016 Luxembourg
  Tél.: 42 67 67 1 Fax: 42 67 87

- **Centre Commun de la Sécurité Sociale**

  www.ccss.lu

  125, route d'Esch
  L-2975 Luxembourg
  Tél.: 40 14 11 Fax: 40 44 81

- **Commission Nationale pour la Protection des Données (CNPD)**

  www.cnpd.lu

  41, avenue de la Gare
  4$^{ième}$ étage
  L-1611 Luxembourg L-4100 Esch-sur-Alzette
  Tél.: 26 10 60 1 Fax: 26 10 60 29

- **Inspection du Travail et des Mines**

www.itm.etat.lu

3, rue des Primeurs
L-2361 Strassen
Tél.: 478 6145 Fax: 49 14 47

- **Institut des Réviseurs d'Entreprises**

www.ire.lu

7, rue Alcide de Gasperi
B.P. 2056
L-1020 Luxembourg
Tél.: 29 11 39 1

- **Luxinnovation GIE**

www.innovation.public.lu

7, rue Alcide de Gasperi
Chambre de Commerce – Bâtiment B, 1er étage
L-1615 Luxembourg
B.P. 1372
L-1013 Luxembourg
Tél.: 43 62 63 1 Fax: 43 81 20

- **Ministère des Classes Moyennes, du Tourisme et du Logement**

www.mcm.public.lu

6, avenue Emile Reuter
L-2937 Luxembourg
Tél.: 478 4715 -17 -18 -24 Fax: 478 4740

# 15

- **Ministère de l'Economie et du Commerce Extérieur**

  www.eco.public.lu

  6, boulevard Royal
  L-2449 Luxembourg
  Tél.: 478 1 Fax: 46 04 48

- **Ministère du Travail et de l'Emploi**

  www.mt.etat.lu

  26, rue Zithe
  L-2939 Luxembourg
  Tél.: 478 61 18 Fax: 478 63 25

- **Office du Ducroire**

  www.ducroire.lu

  7, rue Alcide de Gasperi
  L-2981 Luxembourg
  Tél.: 42 39 39 32 0 Fax: 42 39 39 821

- **Ordre des Experts-Comptables**

  www.oec.lu

  7, Alcide de Gasperi
  L-1615 Luxembourg
  Tél.: 29 13 33 Fax: 29 13 34

- **Registre de Commerce et des Sociétés**

www.rcsl.lu

Centre administratif Pierre Werner
Bâtiment F
L-2961 Luxembourg
Tél.: 26 428 1 Fax: 26 42 85 55

- **Service Central de la Statistique et des Etudes Economiques (STATEC)**

www.statec.lu

13, rue Erasme
L-1468 Luxembourg
Tél.: 478 1

B.P. 304
L-2013 Luxembourg
Fax: 46 42 89

- **Société Nationale de Crédit et d'Investissement (SNCI)**

www.snci.lu

7, rue du Saint Esprit
B.P. 1207
L-1475 Luxembourg L-1012 Luxembourg
Tél.: 46 19 71 1 Fax: 46 19 79

# 16

# Liste des abréviations

| | |
|---|---|
| ACD | Administration des Contributions Directes |
| ADEM | Administration de l'Emploi |
| AED | Administration de l'Enregistrement et des Domaines |
| AIC | Acquisition Intracommunautaire |
| AIRB | Advanced Internal Ratings Based |
| BCE | Banque Centrale Européenne |
| BCL | Banque Centrale du Luxembourg |
| BFR | Besoin en Fonds de Roulement |
| BIS | Bank for International Settlements |
| B to B | Business to Business (de professionnel à professionnel) |
| B to C | Business to Customer (du professionnel au consommateur final) |
| CCSS | Centre Commun de la Sécurité Sociale |
| CDB | Centrale des Bilans |

# 16

| | |
|---|---|
| CE | Créateur d'Entreprise |
| CNPD | Commission Nationale pour la Protection des Données |
| FIFO | First In First Out |
| FIRB | Foundation Internal Ratings Based |
| GAAP | Generally Accepted Accounting Principles |
| HORECA | Hôtels, Restaurants, Cafés |
| LIC | Livraison Intracommunautaire |
| LIFO | Last In First Out |
| MCM | Ministère des Classes Moyennes |
| OCDE | Organisation de Coopération et de Développement Economiques |
| PE | Petites Entreprises |
| PME | Petites et Moyennes Entreprises |
| RCS / RCSL | Registre de Commerce et des Sociétés du Grand-Duché de Luxembourg |
| S.A. | Société Anonyme |
| SARL | Société à Responsabilité Limitée |

| | |
|---|---|
| SE | Société Européenne |
| SECS | Société en Commandite Simple |
| SENC | Société en Nom Collectif |
| SNOCS | Système Normalisé de Communication des Salaires |
| STATEC | Service Central de la Statistique et des Etudes Economiques |
| STM | Service de Santé au Travail Multisectoriel |
| SWOT | Strengths, Weaknesses, Opportunities, Threats |
| UE | Union Européenne |

# 17

# Bibliographie

## 1 Publications


- C. Pierre – Beausse, La Protection des Données Personnelles, Editions Promoculture 2005.
- Jules Roger Nlend, La responsabilité des dirigeants de sociétés en droit luxembourgeois, édité par Ecoconsult S.C.P., Luxembourg 1997.
- L. Thurow, Die Zukunft der Weltwirtschaft, Campus Verlag 2004.
- Pierrot Schiltz, Jean-Luc Putz, Droit du Travail – Mode d'emploi, Editions Promoculture 2006.
- Pierrot Kails, Les salaires au Luxembourg, Editions PIMO 1999.
- Marc Feyereisen, Droit du Travail – Guide Pratique, Editions Promoculture 2004.
- Ministère de l'Economie et du Commerce Extérieur, Observatoire de la Compétitivité, Bilan Compétitivité 2006, En route vers Lisbonne, 13 septembre 2006.
- STATEC, Le Luxembourg en chiffres 2006.


## 2 Conférences


- CNPD, Gérard Lommel, Présentation donnée aux membres de l'Ordre des Experts-Comptables dans le cadre de l'entrée en vigueur de la loi du 2 août 2002 relative à la protection des personnes à l'égard du traitement des données à caractère personnel.
- Fortis Banque Luxembourg, Carlo Thill, Conférence du 3 juillet 2006, «Bâle II, Défis et opportunités».
- STATEC, Mike Hartmann, Colloque du 15 novembre 2005, «Entrepreneuriat et Démographie d'entreprises: facteurs de succès».

17

## 3 Législation nationale

- Loi du 10 août 1915 concernant les sociétés commerciales (telle qu'elle a été modifiée), texte à jour du 1er août 2003, recueil du Service central de législation
- Loi du 2 août 2002 relative à la protection des personnes à l'égard du traitement des données à caractère personnel, Mémorial, recueil de législation, A-N°91, 13 août 2002
- Loi du 19 décembre 2002 concernant le Registre de Commerce et des Sociétés ainsi que la comptabilité et les comptes annuels des entreprises et modifiant certaines autres dispositions légales, Mémorial, recueil de législation, A-N°149, 31 décembre 2002
- Règlement grand-ducal du 23 janvier 2003 portant exécution de la loi du 19 décembre 2002 concernant le Registre de Commerce et des Sociétés ainsi que la comptabilité et les comptes annuels des entreprises, Mémorial, recueil de législation, A-No 15, 30 janvier 2003
- Loi du 1er juillet 2003 modifiant et complétant la loi modifiée du 12 février 1979 concernant la taxe sur la valeur ajoutée, Mémorial, recueil de législation, A-N°88, 1er juillet 2003
- Loi du 18 avril 2004 relative aux délais de paiement et aux intérêts de retard, Mémorial, recueil de législation, A-N°66, 6 mai 2004
- Loi du 17 mai 2004 relative à la concurrence, Mémorial, recueil de législation, A-N°76, 26 mai 2004
- Loi du 30 juin 2004 portant création d'un cadre général des régimes d'aides en faveur du secteur des classes moyennes, Mémorial, recueil de législation, A-N°142, 6 août 2004
- Loi du 9 juillet 2004 modifiant 1) la loi modifiée du 28 décembre 1988 réglementant l'accès aux professions d'artisan, de commerçant, d'industriel ainsi qu'à certaines professions libérales, Mémorial, recueil de législation, A-N°145, 11 août 2004
- Loi du 21 décembre 2004 modifiant 1. le Code des assurances sociales, 2. la loi modifiée du 24 mai 1989 sur le contrat de travail, Mémorial, recueil de législation, A-N°209, 30 décembre 2004

- Règlements grand-ducaux du 4 février 2005 concernant la liste et le champ d'activité des métiers artisanaux, Mémorial, recueil de législation, A-N°150, 13 septembre 2005
- Règlement grand-ducal du 19 février 2005 portant exécution de l'article 2 de la loi du 30 juin 2004 portant création d'un cadre général des régimes d'aides en faveur du secteur des classes moyennes et instituant un régime d'aides en faveur des petites et moyennes entreprises, Mémorial, recueil de législation, A-N°30, 10 mars 2005
- Règlement grand-ducal du 19 février 2005 portant exécution de l'article 7 de la loi du 30 juin 2004 portant création d'un cadre général des régimes d'aides en faveur du secteur des classes moyennes et instituant un régime d'aides de minimis, Mémorial, recueil de législation, A-N°30, 10 mars 2005
- Règlement grand-ducal du 24 juillet 2006 portant exécution de la loi du 19 décembre 2002 concernant le Registre de Commerce et des Sociétés ainsi que la comptabilité et les comptes annuels des entreprises, Mémorial, recueil de législation, A-N°143, 18 août 2006
- Loi du 31 juillet 2006 modifiant: 1) la loi modifiée du 30 juin 1976 portant 1. création d'un fonds pour l'emploi, 2. réglementation de l'octroi des indemnités de chômage complet, 2) la loi modifiée du 24 décembre 1996 portant introduction d'une bonification d'impôt sur le revenu en cas d'embauchage de chômeurs, 3) la loi modifiée du 23 juillet 1993 portant diverses mesures en faveur de l'emploi, Mémorial, recueil de législation, A-N°143, 18 août 2006
- Loi du 31 juillet 2006 portant introduction d'un Code du Travail, Mémorial, recueil de législation, A-N°149, 29 août 2006
- Règlement grand-ducal du 27 novembre 2004 concernant le chargé de la protection des données et portant exécution de l'article 40, paragraphe (10) de la loi relative à la protection des personnes à l'égard du traitement des données à caractère personnel, Mémorial, recueil de législation, A-N°200, 20 décembre 2004
- Projet de loi N° 5157 portant des mesures ponctuelles en matière de prévention des faillites et de lutte contre les faillites organisées (Dépôt: le 20 mai 2003)
- Mémento fiscal – Législation au 1er janvier 2006, Les impôts directs perçus par l'Administration des Contributions Directes du Grand-Duché de Luxembourg.
- Loi du 25 août 2006: 1) concernant la société européenne (SE), la société anonyme à directoire et conseil de surveillance et la société anonyme unipersonnelle; 2) modi-

fiant la loi modifiée du 10 août 1915 concernant les sociétés commerciales et certaines autres dispositions légales; 3) modifiant la loi du 19 décembre 2002 concernant le Registre de Commerce et des Sociétés ainsi que la comptabilité et les comptes annuels des entreprises; 4) modifiant la loi modifiée du 30 mars 1988 sur les organismes de placement collectif; 5) modifiant la loi du 20 décembre 2002 concernant les organismes de placement collectif; 6) modifiant la loi du 25 juillet 1990 concernant le statut des administrateurs représentant l'Etat ou une personne morale de droit public dans une société anonyme; 7) modifiant la loi du 4 décembre 1992 sur les informations à publier lors de l'acquisition et de la cession d'une participation importante dans une société cotée en bourse; 8) modifiant la loi du 13 juillet 2005 relative aux institutions de retraite professionnelle sous forme de sepcav et assep, Mémorial, recueil de législation, A-N°152, 31 août 2006

## 4 Références communautaires

- Quatrième directive 78/660/CEE du Conseil, du 25 juillet 1978, fondée sur l'article 54 paragraphe 3 sous g) du traité et concernant les comptes annuels de certaines formes de sociétés, J.O.C.E., n° L 222 du 14 août 1978

  transposée en droit luxembourgeois par:

1. la loi du 4 mai 1984 portant modification de la loi du 10 août 1915 concernant les sociétés commerciales, Mémorial, recueil de législation, A-N° 40, 10 mai 1984,
2. la loi du 29 juillet 1993 portant adaptation de la loi du 10 août 1915 concernant les sociétés commerciales à la directive 90/604/CEE du Conseil des Communautés Européennes du 8 novembre 1990, modifiant la directive 78/660/CEE sur les comptes annuels et la directive 83/349/CEE sur les comptes consolidés en ce qui concerne les dérogations en faveur des petites et moyennes sociétés ainsi que la publication des comptes en écus, Mémorial, recueil de législation, A N° 67, 25 août 1993,
3. la loi du 2 décembre 1993 portant adaptation de la loi modifiée du 10 août 1915 concernant les sociétés commerciales à la directive 90/605/CEE du Conseil des Communautés Européennes du 8 novembre 1990, modifiant les directives 78/660/CEE et 83/349/CEE concerne respectivement les comptes annuels et les comptes consolidés, en ce qui concerne leur champ d'application et portant modification de certaines

autres dispositions de la loi modifiée du 10 août 1915, Mémorial, recueil de législation, A-N° 94, 13 décembre 1993.

- Sixième directive 77/388/CEE du Conseil, du 17 mai 1977, en matière d'harmonisation des législations des Etats membres relatives aux taxes sur le chiffre d'affaires – Système commun de la taxe sur la valeur ajoutée: assiette uniforme, J.O.C.E., le 13 juin 1977, L 145.

## 5 Articles

- **Chambre des Métiers du Grand-Duché de Luxembourg:**
  «d'handwierk», Organe officiel mensuel de la Chambre des Métiers du Grand-Duché de Luxembourg.
- **Chambre de Commerce du Grand-Duché de Luxembourg:**
  «Merkur», Organe officiel mensuel de la Chambre de Commerce du Grand-Duché de Luxembourg.
- **Fédération des Industriels Luxembourgeois:**
  «écho de l'industrie», Organe officiel mensuel de la Fédération des Industriels Luxembourgeois.
- Codex, Janvier 2004, Les faillites, une réalité sinon maîtrisable, au moins contrôlable, Jean-Marie Halsdorf.
- OECD, Policy brief, Economic Survey of Luxembourg 2006.
- STATEC, statnews n° 13/2005, Nouvelles entreprises: Au bout de 5 ans, 1 entreprise sur 2 a cessé l'activité.
- STATEC, statnews n° 60/2005, L'entrepreneuriat dans tous ses états.
- STATEC, statnews n° 3/2006, Simplification administrative en matière INTRASTAT.

# Notes

# Notes

# Notes